民航货物运输实训教程
（第 2 版）

吴东华 编著

东南大学出版社
SOUTHEAST UNIVERSITY PRESS
·南京·

内容简介

民航货物运输业是一个有着强大发展势头的行业,而民航货物运输课程属于实践性很强的课程。在现有理论尚不成熟、实践比较复杂的背景下,无论是作为一线的教师还是即将从事该行业的学生,都急需一本能将理论与实践紧密结合的实训教程。本书正是为了满足这种需要编写的。本书的作者是从事一线教学近 20 年的资深教师以及具有丰富实践经验的企业专家,所以,本书不但具有学术价值,而且具有一定的教学参考价值。

全书共包含四部分。第一部分,作者把繁杂的民航货物运输业务按操作流程将生产实际中需要填写的单据进行了切分,可供读者练习填写。理论来自实践,实践源于理论。第二部分是实践理论知识自我检测部分,可供读者加深对业务理论知识的理解。第三部分,详细介绍了民航货运培训系统,并根据此系统开发出八个实训,方便读者上机操作。在最后一部分,作者精选了从事民航货物运输人员需要掌握的专业术语,以中英文对照表的形式展示给读者。本书内容新颖、数据详实,并具有较强的知识性、理论性、实用性、系统性和可阅读性等特点。

本书可作为民航或运输等领域高校师生或管理人员的教学、培训或参考用书,适用于民航运输、物流管理、交通运输、航空服务等专业的高职高专学生;也可以作为民航货物运输从业人员的培训参考用书,对从事民航旅客运输及代理人员、民航货物运输及代理人员也具有一定的参考价值。

图书在版编目(CIP)数据

民航货物运输实训教程 / 吴东华编著. —2 版. —南京:东南大学出版社,2019.6(2023.1 重印)
ISBN 978-7-5641-8242-7

Ⅰ.①民… Ⅱ.①吴… Ⅲ.①民航运输-货物运输-教材 Ⅳ.①F560.84

中国版本图书馆 CIP 数据核字(2019)第 021507 号

民航货物运输实训教程(第 2 版)

编　　著	吴东华
出版发行	东南大学出版社
社　　址	南京市四牌楼 2 号(邮编:210096)
出版人	江建中
责任编辑	夏莉莉
经　　销	全国各地新华书店
印　　刷	广东虎彩云印刷有限公司
开　　本	700mm×1000mm　1/16
印　　张	13.5
字　　数	210 千字
版　　次	2019 年 6 月第 2 版
印　　次	2023 年 1 月第 3 次印刷
书　　号	ISBN 978-7-5641-8242-7
定　　价	33.00 元

本社图书若有印装质量问题,请直接与营销部联系,电话:025-83791830。

前　言

　　民航货物运输业务作为航空公司、物流公司、代理人企业和其他运输生产单位的重要工作之一，已被普遍认为是极具潜力的新的经济增长点。因而社会亟需具有全面、系统掌握民航货物运输业务知识的专业从业人员。为了适应市场需求和专业培训的需要，使理论知识更加贴近生产实际，作者编写了这本实训教程。

　　本书共包含四部分。在第一部分，作者将民航货物运输业务按业务流程将生产实际中需要填写的单据进行了划分，可供读者练习填写。理论来自实践，实践源于理论。第二部分是实践理论知识自我检测部分，可供读者加深对业务理论知识的理解。第三部分，详细介绍了民航货运培训系统，并根据此系统开发出八个实训，方便读者上机操作。在最后一部分，作者精选了从事民航货物运输人员需要掌握的专业术语，以中英文对照表的形式展示给读者。本书内容新颖、数据详实，并具有较强的知识性、理论性、实用性、系统性和可阅读性等特点。

　　本书得到了南京航空航天大学民航学院徐月芳老师的肯定，并提出了很多宝贵意见，在此深表谢忱。同时，感谢中国东方航空公司无锡分公司的工作人员们的大力支持，他们热情地提供了宝贵资料，提出了中肯的建议；刁文斌、孙天一、杨金华、张艺同学在排版上做出了贡献，在此一并表示感谢！

　　本书是编者在多年从事民航货物运输课程教学与研究的基础上，参考了国内外专家学者的文献资料编写而成，在此，特向有关作者表示感谢。

　　由于编者水平有限，错误与不妥之处，敬请读者与专家赐教。

编者

2018 年 9 月于南航

目　　录

第一部分　民航货物运输业务单据 … 1

- 单据一　货物称重单的填写 … 3
- 单据二　托运书的填写 … 4
- 单据三　国内货物托运书(通用)的填写 … 5
- 单据四　国内航空货运单的填写 … 6
- 单据五　货物国内运输分批发运单的填写 … 7
- 单据六　航空货物中转舱单的填写 … 8
- 单据七　货邮行装机工作单的填写 … 9
- 单据八　货邮行卸机工作单的填写 … 9
- 单据九　卸机单的填写 … 10
- 单据十　库存货物盘点表的填写 … 10
- 单据十一　入库单的填写 … 11
- 单据十二　出库单的填写 … 11
- 单据十三　邮件出港分发交接单的填写 … 12
- 单据十四　航空邮运结算单的填写 … 13
- 单据十五　特种货物机长通知单的填写 … 14
- 单据十六　货邮舱单的填写 … 15
- 单据十七　货物交接单的填写 … 16
- 单据十八　货物不正常运输记录表的填写 … 17
- 单据十九　加货单的填写 … 18
- 单据二十　拉货清单的填写 … 19
- 单据二十一　拉货情况登记表的填写 … 20
- 单据二十二　退货清单的填写 … 21
- 单据二十三　航空公司货物运输事故记录表的填写 … 22
- 单据二十四　运输事故签证的填写 … 23
- 单据二十五　国际货物运费更改通知单的填写 … 24

单据二十六　国内货物运费更改通知单的填写 …………………… 25
 单据二十七　无法交付货物通知单 …………………………………… 26
 单据二十八　到达货物交接清单的填写 ……………………………… 27
 单据二十九　国际货物托运书的填写 ………………………………… 28
 单据三十　　国际航空货运单的填写 ………………………………… 29
 单据三十一　电报单的填写 …………………………………………… 30

第二部分　实践原理理论知识自我检测 ……………………………………… 31
 自我检测一 …………………………………………………………… 33
 自我检测二 …………………………………………………………… 37
 自我检测三 …………………………………………………………… 41
 自我检测四 …………………………………………………………… 45
 自我检测五 …………………………………………………………… 49
 自我检测六 …………………………………………………………… 53
 自我检测七 …………………………………………………………… 57
 自我检测八 …………………………………………………………… 61

第三部分　民航货运培训系统及实训 ………………………………………… 65
 第一章　系统概述 ………………………………………………………… 67
  1.1　系统安装流程 …………………………………………………… 67
  1.2　货运培训系统教员系统网络版 ………………………………… 68
  1.3　货运培训系统的出港收货管理 ………………………………… 69
  1.4　系统数据管理维护 ……………………………………………… 70
   1.4.1　系统初始化 ………………………………………………… 70
   1.4.2　附加说明 …………………………………………………… 74
  1.5　国内运费计算及货运单填制 …………………………………… 74
  1.6　国际运费计算及货运单填制 …………………………………… 75
  1.7　航空货物托运书 ………………………………………………… 76
  1.8　航空货物货运单 ………………………………………………… 78
  1.9　出港货物航班配载 ……………………………………………… 80
  1.10　进港货物分单入库 ……………………………………………… 81
  1.11　航空货物出口海关单 …………………………………………… 82
  1.12　航空货物进口海关单 …………………………………………… 83

1.13 海关商品名称及编码 …………………………………………… 84
1.14 货运培训系统学员系统网络版 ………………………………… 84
1.15 日常系统运行操作流程 ………………………………………… 85
1.16 学员练习讲评考试查询 ………………………………………… 87
1.17 实训/理论考试控制 ……………………………………………… 87
1.18 其他界面 ………………………………………………………… 88
1.19 教师端操作流程 ………………………………………………… 91
  1.19.1 系统登录 ………………………………………………… 91
  1.19.2 教师端主机数据发放流程 ……………………………… 94
  1.19.3 学生操作过程及分数查询 ……………………………… 96

第二章 实训环节的设计与开发 …………………………………… 97

2.1 实训一 熟悉货运培训系统 …………………………………… 97
  2.1.1 实训目的 ………………………………………………… 97
  2.1.2 实训原理 ………………………………………………… 97
  2.1.3 实训环境 ………………………………………………… 98
  2.1.4 实训内容及步骤 ………………………………………… 99
  2.1.5 实训要求 ………………………………………………… 104
  2.1.6 思考题 …………………………………………………… 104

2.2 实训二 计算航空运费 ………………………………………… 104
  2.2.1 实训目的 ………………………………………………… 104
  2.2.2 实训原理 ………………………………………………… 104
  2.2.3 实训环境 ………………………………………………… 106
  2.2.4 实训内容及步骤 ………………………………………… 106
  2.2.5 实训要求 ………………………………………………… 107
  2.2.6 思考题 …………………………………………………… 107

2.3 实训三 填写国内/国际托运书 ………………………………… 108
  2.3.1 实训目的 ………………………………………………… 108
  2.3.2 实训原理 ………………………………………………… 108
  2.3.3 实训环境 ………………………………………………… 110
  2.3.4 实训内容及步骤 ………………………………………… 110
  2.3.5 实训要求 ………………………………………………… 111

2.3.6 思考题	111
2.4 实训四 填写国内/国际航空货运单	111
2.4.1 实训目的	111
2.4.2 实训原理	112
2.4.3 实训环境	115
2.4.4 实训内容及步骤	115
2.4.5 实训要求	117
2.4.6 思考题	117
2.5 实训五 分单入库	117
2.5.1 实训目的	117
2.5.2 实训原理	117
2.5.3 实训环境	118
2.5.4 实训内容及步骤	118
2.5.5 实训要求	120
2.5.6 思考题	120
2.6 实训六 航班配载	121
2.6.1 实训目的	121
2.6.2 实训原理	121
2.6.3 实训环境	123
2.6.4 实训内容及步骤	123
2.6.5 实训要求	124
2.6.6 思考题	124
2.7 实训七 填写航空货物进/出口海关单	125
2.7.1 实训目的	125
2.7.2 实训原理	125
2.7.3 实训环境	126
2.7.4 实训内容及步骤	126
2.7.5 实训要求	127
2.7.6 思考题	127
2.8 实训八 上机考试系统	127
2.8.1 实训目的	127

     2.8.2 实训原理 ·· 127
     2.8.3 实训环境 ·· 128
     2.8.4 实训内容及步骤 ····································· 128
     2.8.5 试卷分析 ·· 128
   第三章 考试系统的操作流程 ······································ 129
   第四章 教师端操作常见问题分析 ·································· 134
第四部分 专用术语中英文对照表 ······································ 137
附录 ·· 175
   附录1 常见安全标志 ··· 177
   附录2 部分航空公司LOGO ····································· 182
   附录3 国际货物运输流程图 ··································· 183
   附录4 托运人的责任 ··· 184
   附录5 中国航空运输公司代码及代号 ··························· 186
   附录6 电报识别代号 ··· 187
   附录7 常用电报简语 ··· 188
   附录8 吨位申请两字简语 ····································· 189
   附录9 不正常运输电报短语 ··································· 190
   附录10 鲜活易腐品检疫证书 ·································· 191
   附录11 托运人危险物品申报单 ································ 192
   附录12 活体动物国内运输收运检查单 ·························· 193
   附录13 活体动物国际运输收运检查单 ·························· 194
   附录14 押运货物及押运员职责 ································ 195
参考答案 ·· 196
参考文献 ·· 203

第一部分

民航货物运输业务单据

　　该部分将民航货物运输生产实际中需要填写的单据按业务流程进行了划分,可供读者反复练习填写。

单据一　货物称重单的填写

日期：　　　航班号：　　　运单号：　　　代理企业：　　　目的站：

编号	车号	件数	总重量	车重	货物净重（泡重）	性质	备注
1							
2							
3							
4							
5							
6							
7							
8							
9							
合计							

交接人：　　　　　　　　　　称重人：

单据二　托运书的填写

现委托你公司空运以下货物，一切有关事项开列如下：

始发站					目的站		
托运人姓名或单位名称					邮政编码		
托运人地址					电话号码		
收货人姓名或单位名称					邮政编码		
收货人地址					电话号码		
储运注意事项及其他					声明价值		保险价值
件数	毛重	运价种类	商品代号	计费重量	费率	货物品名（包括包装、尺寸或体积）	

说明：
1. 托运人应当详细填写或审核本托运书各项内容，并对其真实性、准确性负责。
2. 有不如实申报价值的货物发生丢失、损坏或被冒领的赔偿价值以此托运书的注明为准，造成赔偿不足的责任由托运人或收货人负责。
3. 承运人根据本托运书填开的航空货运单经托运人签字后，航空运输合同即告成立。

托运人或其代理人
签字(盖章)：＿＿＿＿＿＿＿＿＿＿
托运人或其代理人
身份证号码：＿＿＿＿＿＿＿＿＿＿

	货运单号码	
经办人	X光机检查	
	检查货物	
	计算重量	
	填写标签	
	年　月　日	

注：粗线框内由承运人填写。

单据三　国内货物托运书（通用）的填写

始发站		无锡	目的站		
托运人姓名			邮政编码		
托运人地址			联系电话		
收货人姓名			邮政编码		
收货人地址			联系电话		
件数	包装	货物品名	重量		
			实际		计费

储运注意事项		运输声明价值	是否投保
		货运单号码	

本人郑重声明：本人接受托运须知的内容，并对以上所填写内容的真实性和准确性负责。 托运单位：＿＿＿＿＿＿＿＿＿＿＿＿＿＿＿＿ 托运人签名：＿＿＿＿＿＿＿＿＿＿＿＿＿＿ 托运人身份证号码：＿＿＿＿＿＿＿＿＿＿ 　　　　　　　　　　　年　　月　　日	经办人	安全检查
		包装检查
		重量检查
		日期

托运须知
1. 无锡机场不收运危险品，托运人应如实申报具体品名并保证货物中无易燃、易爆及易腐蚀等任何一类危险品及其他限制、禁止运输的货物；否则，造成的一切损失由托运人负责。
2. 无锡机场货物运输遵守《中华人民共和国民用航空法》《中国民用航空国内货物运输规则》的有关规定。

注：粗线框内由承运人填写。

单据四　国内航空货运单的填写

始发站 Airport of Departure	(1)	目的站 Airport of Destination	(2)	不得转让 Not Negotiable 航空货运单 Air Waybill　航徽	航空公司中文名称 英文名称
托运人姓名、地址、邮编、电话号码 Shipper's Name, Address, Postcode & Telephone No. (3)				印发人 Issued by　　　地址　邮编 航空货运单一、二、三联为正本，并具有同等法律效力 Copies 1, 2 and 3 of this Air Waybill are originals and have the same validity.	
收货人姓名、地址、邮编、电话号码 Consignee's Name, Address, Postcode & Telephone No. (4)				结算注意事项 Accounting Information (22)	
				填开货运单的代理人名称(23) Issuing Carrier's Agent Name	
航线(5) Routing	到达站 To(5A)	第一承运人 By First Carrier (5B)	到达站 To (5C)	承运人 By (5D)	到达站 To (5E)	承运人 By (5F)
航班/日期 Flight/Date(6A)		航班/日期 Flight/Date(6B)		运输声明价值 Declared Value for Carrier (7)	运输保险价值 Amount of Insurance(8)
储运注意事项及其他 Handling Information and Others(9)					
件数 No. of Pieces RCP.	毛重 (千克) Gross Weight	运价种类 Rate Class	商品代号 Comm. Item No.	计费重量 (千克) Chargeable Weight	费率 Rate/kg	航空运费 Weight Charge	货物品名(包括包装、尺寸或体积) Description of Goods (incl. Packaging, Dimensions or Volume)
(10)	(11)	(12)	(13)	(14)	(15)	(16)	(17)
(10A)	(11A)					(16A)	
预付 Prepaid (18)		到付 Collect (21)		其他费用 Other Charges (20)	
(18A)	航空运费 Weight Charge	(21A)		本人郑重声明:此航空货运单上所填货物品名和货物运输声明价值与实际交运货物品名和货物实际价值完全一致，并对所填航空货运单和所提供的与运输有关文件的真实性和准确性负责。 托运人或其代理人签字、盖章_____(24)	
(18B)	声明价值附加费 Valuation Charge	(21B)			
(18C)	地面运费 Surface Charge	(21C)		填开日期　　　填开地点　填开人或其代理人 Executed on(Date) At(Place)　签字、盖章 (25A)　　　(25B) Signature of Issuing Carrier or Its Agent (25C)	
(18D)	其他费用 Other Charges	(21D)			
(18E)	总额(人民币) Total (CNY)	(21E)			
付款方式 Form of Payment		(19)			

xxx - xxxxxxx x

单据五 货物国内运输分批发运单的填写

运单号＿＿＿＿＿＿＿＿

始发站			目的站			
收货人姓名、地址			电话号码			
			邮政编码			
第一承运人	到达	第二承运人	到达	第三承运人	到达	
件数　包装	货物品名	实际重量	计费重量	体积或尺寸	声明价值	
航班号		飞机号		日期		

本批				待批		
批次	件数	重量	体积或尺寸	件数	重量	体积或尺寸
经手人				发运人		

运单号＿＿＿＿＿＿＿＿

单据六　航空货物中转舱单的填写

No 号码：

AIRPORT 机场　　　　DATE 日期　　　　TRANSFERRED TO 接运承运人

AIR WAYBILL NUMBER 货运单号码	AWB DESTINATION AIRPORT 货运单目的地	NUMBER OF PACKAGES 货运单件数	WEIGHT(KG) 货运单重量	REMARKS 备注

TRANSFERRED BY 交运承运人：＿＿＿＿＿
　　　　（TRANSFERRING CARRIER）
　　　　　　　（航空公司名称）
BY 经手人：＿＿＿＿＿＿＿＿＿＿＿＿＿＿
　　　　　　　　　（SIGNATURE）
　　　　　　　　　　（签名）
TIME 时间：＿＿＿＿＿＿＿＿＿＿＿
DATE 日期：＿＿＿＿＿＿＿＿＿＿＿

ABOVE CONSIGNMENT(S) RECEIVED IN FULL AND APPARENT GOOD ORDER AND CONDITION EXCEPT AS NOTED IN THE REMARKS COLUMN. 上述货物除在备注内的声明外，接到时完好无损。
RECEIVED BY 接运承运人：＿＿＿＿＿＿＿＿＿＿＿＿＿＿
　　　　　　　　　　　（RECEIVING CARRIER）
　　　　　　　　　　　　　（航空公司名称）
BY 经手人：＿＿＿＿＿＿＿＿＿＿＿＿＿＿＿＿＿＿＿＿
　　　　　　　　　　　　　　　（SIGNATURE）
　　　　　　　　　　　　　　　　　（签名）

DISTRIBUTION 分配
ORIGINAL　原件（WHITE 白色）—TRANSFERRING（REVENUE ACCOUNTING）递交运承运人财务结算部门
COPY 2　第二联（PINK 粉红色）—TRANSFERRING（STATION PILE）中转站保留
COPY 3　第三联（YELLOW 黄色）—RECEIVING CARRIER（REVENUE ACCOUNTING）递交接运承运人财务结算部门
COPY 4　第四联（GREEN 绿色）—RECEIVING CARRIER（STATION PILE）目的站保留

单据七　货邮行装机工作单的填写

日期		出港航班		出港时间	
停机机位				货物到达时间	
				舱门关闭时间	
备注					

单据八　货邮行卸机工作单的填写

日期		到港航班		到港时间	
停机机位		出港航班		货物到达时间	
行李到达时间				舱门关闭时间	
不正常行李情况				卸机舱位	
不正常货物情况				卸机舱位	
特种货物情况				备注	

单据九　卸机单的填写

卸 机 单

_____航班　　　　_____飞机　　　　年　月　日

	行李	邮件	货物
载重表件数			
实卸件数			
特种货物			

单据十　库存货物盘点表的填写

库存货物盘点表

货单号	始发站	目的站	件数	重量	品名	到货日期	货物性质	基本情况

盘查人：　　　　　　　　　　　　　　　　　　　盘查日期：

单据十一　入库单的填写

入　库　单

货单号	始发站	目的站	件数	重量	品名	到货日期	货物性质	基本情况

入库员：　　　　　　　　　　　　　　　　入库日期：

单据十二　出库单的填写

出　库　单

货单号	始发站	目的站	件数	重量	品名	到货日期	货物性质	基本情况

出库员：　　　　　　　　　　　　　　　　出库日期：

单据十三　邮件出港分发交接单的填写

邮件出港分发交接单

年　　月　　日

航班号	飞机号	站名	起飞时间	件数	重量	转港	北京	航班号	飞机号	站名	起飞时间	件数	重量	转港	北京
		太原								沈阳					
		西安								长春					
		延安								哈尔滨					
		贵阳								大连					
		重庆								济南					
		成都								南京					
		昆明								合肥					
		包头								上海					
		银川								郑州					
		兰州								武汉					
		西宁								长沙					
		乌市①								南昌					
		呼和②								福州					
		锡林③								石家庄					
		赤峰								连云港					
		通江								烟台					
		桂林								青岛					
		南宁								山海关					
		广州								宁波					
		杭州													

经手人签字：

---

① 乌市：乌鲁木齐
② 呼和：呼和浩特
③ 锡林：锡林郭勒

单据十四　航空邮运结算单的填写

航空邮运结算单

始发站		目的站		航空邮运结算单	
邮件托运局名称、地址 电话：		联系人：		CAAC	
邮件接收局名称、地址 电话：		联系人：		始发站航方接收邮件单位及制单人员（盖章） 制单日期：　　　　制单地点：	
承运人		航班日期		到达站	应分运费
第一承运人					
第二承运人					
第三承运人					
邮件种类（特种、普类）		件数（尺寸和体积）		实际重量（kg）	计费重量（kg）
航空运费（元）	费率/kg（特种）		储存注意事项及其他		
	费率/kg（普类）				
总额(元)			到达站交接情况 航方交付单位及经手人(签章) 邮方交付单位及经手人(签章)		

第一部分　民航货物运输业务单据

单据十五 特种货物机长通知单的填写

特种货物机长通知单

装机站		航班号		离港日期		飞机注册号		填写人		复核人	
危险物品				已装载本飞机上的危险物品的包装件无任何破损或泄漏现象							
卸机站	货运单号码	运输专用名称	类别或项别（一类爆炸品）	UN的ID编码	次要危险品	包装件数	净重或运输指数	放射性物品等级或标签颜色	包装等级	代号	仅限货机	装载位置			应急处理措施代码
												ULD识别编号	装机位置	变更后位置	

其他特种货物										
卸机站	货运单号码	货物品名及包装种类	包装件数	重量	附加说明	代号	名称	位置		
								ULD识别编号	装机位置	变更后位置
					温度要求： 加热要求_____ 冷藏要求_____					

代号	名称	代号	名称	代号	名称	代号	名称	装机人	监装人
REX	1.3项爆炸品	RFS	易燃固体	RRW	放射性-白色	VAL	贵重物品		
RX	2.4项爆炸品配装	RSC	自燃性	RRY	放射性-黄色	AVI	活体动物	机长签字	换班机长签字
RGX	1.3C项爆炸品	RFW	受潮危险	RCM	腐蚀物质	HEG	种蛋		
RNG	非燃无毒气体	ROX	氧化剂	RSB	聚合粒	FIL	胶片		
RFG	易燃气体	ROP	有机过氧化物	MAG	磁性物质	HUM/ASH	灵柩、骨灰		
RCL	液化气体	RPB	毒性物质	ICE	干冰	PEX	鲜活易腐物质		
RPG	有毒气体	RDS	诊断样本	RMD	杂项危险品	LHO	人体活器官		
RFL	易燃液体	RIS	传染性物质	CAO	仅限货机	EAT	食品		
RHF	与食品隔离装载	REQ	例外数量危险物品	RRE	放射性物质例外包装				

单据十六　货邮舱单的填写

货邮舱单

航班号：　　　　　　　飞机号：
装机站：　　　　　　　到达站：　　　　　　　日期：

序号	货单号	件数	重量	货物名称	始发站	目的站	备注	经手人
合计								

制单：　　　　　　　复核：　　　　　　　出仓：

单据十七 货物交接单的填写

货物交接单

货运单号码 AWB NO.	件数 PCS	重量 WEIGHT	航班/日期 FLIGHT NO./DATE	始发站 ORG	目的站 DES	货物品名 COMMODITY
总计 TOTAL						
签收栏						

单据十八 货物不正常运输记录表的填写

货物不正常运输记录表

填开地点		填开日期			航班/日期	
货运单号码		件数		重量	装机站/卸机站	
货物品名		始发站			目的站	

不正常类别　　丢失□　　损坏□　　短少□　　变质□　　污染□　　其他

分运单号码 _____ 箱号 _____ 货物品名 _____ 件数 _____ 重量 _____ 箱内破损数量 _____ 其他 _____	标签注示		外包装		损坏程度			
	向上	□	纸板箱	□	外部		内部	
	易碎	□	纸包装	□	□	撕开	□	
	玻璃	□	瓦楞纸箱	□	□	破碎	□	
	小心轻放	□	木箱	□	□	戳漏	□	
	勿躺放	□	金属罐/箱	□	□	压坏	□	
	其他	□	手提箱	□	□	凹陷	□	
			包裹	□	□	受潮	□	
			其他	□	□	包装袋损坏	□	
					□	包装开裂	□	
					□	散包	□	
					□	无损	□	
					□	其他	□	

发现破损的时间和地点		损失(坏)后的重量	
卸机时 □			
入库时 □		是否照相　　是□　否□	
交货时 □			
其他			

详细说明：_____

货物破损示意图：

					其他

收货人提取货物时，货物状况是否与以上记录相符？　　是□　否□

| 有关人员签字 | | | 填表人签字 | |

单据十九 加货单的填写

加货单

序号	航班号		目的站			年 月 日	
	运单号	件数	重量	位置	容器号	件数/重量	备注
1				A			
2							
3				B			
4							
5				C			
6							
7				D			
8							
9				E			
10							
11				F			
12							
13				G			
14							
15				H			
16							
17				I			
18							
小计				货量合计			
				加货员　　　　复核员			
				配载员　　　　交单时间			

第一联:出港留存(白)　　　　　第二联:配载留存(黄)

单据二十 拉货清单的填写

拉货清单

序号	航班号		目的站		年 月 日	
	运单号	原件数/重量	拉件数/重量	品名	备注	
1						
2						
3						
4						
5						
	小计					

出港：
一配载留存(白)　　　　二进港留存(红)　　　　装卸队：
　　　　　　　　　　　　　　　　　　　　　三搬运留存(黄)

单据二十一　拉货情况登记表的填写

拉货情况登记表

序号	航班号	目的站	卡数	日期	时间		
	运单号	件数	重量	位置	容器号	件数/货+卡重	备注
1				A			
2							
3				B			
4							
5				C			
6							
7				D			
8							
9				E			
10							
11				F			
12							
13				G			
14							
15				H			
16							
17				I			
18							
19				J			
20							
21				K			
22							
货量合计				经办人：　　　　收运人： 交单时间：			

单据二十二　退货清单的填写

退货清单

序号	航班号		目的站		年　　月　　日	
	运单号	原件数/重量	拉件数/重量		品名	备注
1						
2						
3						
4						
5						
	小计					

发货人：　　　　　　　　　　　　　　　　　　出港：

单据二十三 航空公司货物运输事故记录表的填写

ABC 航空公司货物运输事故记录表

编号：

货运单或邮件单号码＿＿＿＿＿＿＿＿＿＿＿＿＿＿＿＿＿＿＿＿＿＿＿＿＿＿＿
托运人地址＿＿＿＿＿＿＿＿＿＿＿＿＿＿＿＿＿＿＿＿＿＿＿＿＿＿＿＿＿＿＿
收货人地址＿＿＿＿＿＿＿＿＿＿＿＿＿＿＿＿＿＿＿＿＿＿＿＿＿＿＿＿＿＿＿
货物品名＿＿＿＿＿＿＿＿＿＿件数/重量＿＿＿＿＿＿＿＿＿＿＿＿＿＿＿＿＿
受损品名＿＿＿＿＿＿＿＿＿＿件数/重量＿＿＿＿＿＿＿＿＿＿＿＿＿＿＿＿＿
货物价值＿＿＿＿＿＿＿＿＿＿损失价值＿＿＿＿＿＿＿＿＿＿＿＿＿＿＿＿＿
事故类别　　　（1）货物损坏　　（2）包装破损　　（3）丢失　　（4）受潮　　（5）其他
事故发生或发现地点＿＿＿＿＿＿日期＿＿＿＿＿＿航班＿＿＿＿＿＿＿＿＿＿
事故主要情况＿＿＿＿＿＿＿＿＿＿＿＿＿＿＿＿＿＿＿＿＿＿＿＿＿＿＿＿＿
＿＿＿＿＿＿＿＿＿＿＿＿＿＿＿＿＿＿＿＿＿＿＿＿＿＿＿＿＿＿＿＿＿＿＿＿
＿＿＿＿＿＿＿＿＿＿＿＿＿＿＿＿＿＿＿＿＿＿＿＿＿＿＿＿＿＿＿＿＿＿＿＿
＿＿＿＿＿＿＿＿＿＿＿＿＿＿＿＿＿＿＿＿＿＿＿＿＿＿＿＿＿＿＿＿＿＿＿＿
＿＿＿＿＿＿＿＿＿＿＿＿＿＿＿＿＿＿＿＿＿＿＿＿＿＿＿＿＿＿＿＿＿＿＿＿
事故处理情况＿＿＿＿＿＿＿＿＿＿＿＿＿＿＿＿＿＿＿＿＿＿＿＿＿＿＿＿＿
＿＿＿＿＿＿＿＿＿＿＿＿＿＿＿＿＿＿＿＿＿＿＿＿＿＿＿＿＿＿＿＿＿＿＿＿
＿＿＿＿＿＿＿＿＿＿＿＿＿＿＿＿＿＿＿＿＿＿＿＿＿＿＿＿＿＿＿＿＿＿＿＿
＿＿＿＿＿＿＿＿＿＿＿＿＿＿＿＿＿＿＿＿＿＿＿＿＿＿＿＿＿＿＿＿＿＿＿＿
＿＿＿＿＿＿＿＿＿＿＿＿＿＿＿＿＿＿＿＿＿＿＿＿＿＿＿＿＿＿＿＿＿＿＿＿

填写单位　　　　　　　　　　　　经办人(签字)
日期　　　　　　　　　　　　　　收(发)货人(签字)

注:(1) 此记录只作为 YL 与托运人/收货人之间对货物运输事故的证明和以后的处理依据,不涉及对责任的确定。
　　(2) 此表填写一式两份,一份留存,一份交托运人/收货人。

民航货物运输实训教程(第2版)

单据二十四 运输事故签证的填写

运输事故签证

编号：_____

航站		日期	
航班号		飞机号	
负责业务载重的空勤组成员			
1. 货运单、行李牌或邮件路单号码			
2. 发运站		到达站	
3. 重量		件数	
4. 托运人姓名及地址			
5. 收货人姓名及地址			
6. 包装情况			
7. 所附证件			
8. 事故发生或经过			
9. 结论			
填报人	姓名		职别或通讯处
	1. _____ 2. _____ 3. _____ 4. _____		

单据二十五 国际货物运费更改通知单的填写

中国南方航空公司
CHINA SOUTHERN AIRLINES
CARGO CHARGES CORRECTION ADVICE (CCA)

Recipient or Issuing Carrier's Agent Name and City	Recipient's or Agent's Code	Date of Issue (11)
		Place of Issue (12)
		Number (13)
To 1 (1) A	Flight No. (1) B	Date (1) C
To 2	Flight No.	Date
To 3	Flight No.	Date

Will transfer stations please fill in lines 2 or 3 as appropriate and re-forward this form immediately to next carrier. The slip below must only be filled in and returned to issuing carrier by the delivering carrier.

AWB NO. (2)	From (3)	To (4)	Date (5)

AIR WAYBILL CHARGES HAVE BEEN CORRECTED/ADDED AS FOLLOWS.

Currency (7) A		Revised/Corrected Charges		Original/Incorrect Charges		Remarks and reason for issuing advice
		Prepaid	Collect	Prepaid	Collect	
Weight Charge		(7) A	(7) A	(6) A	(6) A	(8) In case of non-delivery, enter all charges due at destination for collection from shipper.
Valuation Charge						
Other Charges Due Carrier		(7) B	(7) B	(6) B	(6) B	
Other Charges Due Agent						
Total						

CC   1
      2
      3

Please correct your documents accordingly and confirm action taken by returning to us, duly signed the slip below.
Your faithfully:
CSN   (9)

Address _____

Signature _____

To: CAAC   (10)
International Accounting Office
P. O. Box 644
Dong-Si Street West
Beijing, The People's Republic of China

From _____ (Airline)
At: _____ (Station)
Date _____
We herewith confirm having corrected our documents and taken the necessary action as per your instructions.

Ref. AWB No. _____
Ref. CCA No. _____

Carrier's Stamp _____
Signature _____

单据二十六　国内货物运费更改通知单的填写

货物运费更改通知单

编号：

货运单号	始发站	目的站	日期、地点
到站	第一承运人	航班号	日期
到站	第二承运人	航班号	日期
到站	第三承运人	航班号	日期
更改后运费额		原运费额	
更改项目		更改原因	

托运人
收货人

收运单位＿＿＿＿＿＿
日期、地点＿＿＿＿＿＿
制单人＿＿＿＿＿＿

回　执

收文单位＿＿＿＿＿＿＿＿＿＿　发文单位＿＿＿＿＿＿＿＿＿＿
编　　号＿＿＿＿＿＿＿＿＿＿　日　　期＿＿＿＿＿＿＿＿＿＿
货运单号＿＿＿＿＿＿＿＿＿＿　签　　字＿＿＿＿＿＿＿＿＿＿

单据二十七　无法交付货物通知单

无法交付货物通知单
NOTICE OF NON-DELIVERY IRREGULARITY REPORT(IRP)

编号
Refer No.

寄往
To：
寄自
At：

填开时间
Issued Date：
填开地点
Station：

货运单号码 AWB No.	填开地点和日期 Place and Date	件数/重量 TTL PC/WT	货物品名 Description of Cargo	到达航班/日期 Arrival FLT/Date

托运人名称、地址
Name and Address of Shipper：
收货人名称、地址
Name and Address of Consignee：
货物无人提取原因 This consignment Non-Delivery for the following reasons：

□收货人地址不详
　Consignee's address is incomplete.
□按照货运单地址找不到收货人
　Consignee is unable to be located at given address.
□收货人对到货通知无回应
　Consignee does not respond to arrival notice.
□收货人拒绝付费
　Consignee refuses to pay charges due.
□收货人拒绝提货
　Consignee refuses to take delivery.
□其他
　Others.

每日应收保管费　　　CNY/kg
Storage charge per day：

	数额 Currency：CNY
货物运费 Freight charges	
保管费 Total storages charges	
其他费用 Others	
总计 Total	

说明 Notes：
1. 该通知单第一次发出满 30 日内没有答复，我们将收取货物费用或其他费用。
　　If no instruction is obtained within 30 days from the issuing date of the 1st IRP, you shall be responsible for the collection of freight charges and/or other charges due.
2. 该通知单第二次发出满 30 日内没有答复，我们将开账收取相关费用。
　　If no instruction is obtained within 30 days from the issuing date of the 2nd IRP, we will bill you airfreight and other charges on our invoice.

单据二十八　到达货物交接清单的填写

到达货物交接清单

××航空公司

到达站：_____　　日期：_____年_____月_____日　　编号：_____

货运单号	件数	重量	发运站	航班号	交货人	接货人	提货日期	提货人	发货人
合计									

单据二十九　国际货物托运书的填写

国际货物托运书
SHIPPER'S LETTER OR INSTRUCTION

货运单号码(22)
No. of Air Waybill

始发站 Airport of Departure (1)			到达站 Airport of Destination (2)				供承运人用 For Carrier Use Only	
							航班/日期 Flight/Date	航班/日期 Flight/Date
路线及到达站 Routing and Destination (3)								
至 To	第一承运人 By First Carrier	至 To	承运人 By	至 To	承运人 By	至 To	承运人 By	已预留吨位 Booked　　(23)
托运人账号 Shipper's Account Number (5)			托运人姓名及地址 Shipper's Name and Address(4)				运费 Charges (24)	
收货人账号 Consignee's Account Number (7)			收货人姓名及地址 Consignee's Name and Address(6)					
另请通知 Also Notify (8)								
托运人声明的价值 Shipper's Declared Value(9)			保险金额 Amount of Insurance (10)			所附文件 Documents to Accompany Air Waybill (11)		
供运输用 For Carriage	供海关用 For Customs							
件数 No. of Packages (12)	实际毛重(公斤) Actual Gross Weight (kg) (13)	运价类别 Rate Class (14)	计费重量 Chargeable Weight (15)		费率 Rate/Charge (16)		货物品名及数量(包括体积或尺寸) Nature and Quantity of Goods (Dimensions or Volume) (17)	
在货物不能交与收货人时,托运人指示的处理办法 Shipper's instructions in case of inability to deliver shipment as consigned (18)								
处理情况(包括包装方式、货物标志及号码等) Handling Information (Incl. method of packing, identifying marks and number, etc.) (19)								

托运人证实以上所填全部属实并愿遵守承运人的一切载运章程
The shipper certifies that the particulars on the page hereof are correct and agrees to the conditions of carriage of the carrier.

托运人签字 Signature of Shipper (20)	日期 Date (21)	经手人 Agent(25)	日期 Date(26)

单据三十　国际航空货运单的填写

国际航空货运单

Shipper's Name and Address	Shipper's Account Number	NOT NEGOTIABLE Air Waybill ISSUED BY									
		Copies 1, 2 and 3 of this Air Waybill are originals and have the same validity.									
Consignee's Name and Address	Consignee's Account Number	It is agreed that the goods described herein are accepted in apparent good order and condition (except as noted) for carriage subject to the conditions of contract on the reverse hereof. All goods may be carried by any other means, including road or any other carrier unless specific contrary instructions are given hereon by the shipper. The shipper's attention is drawn to the notice concerning carrier's limitation of liability. Shipper may increase such limitation of liability by declaring a higher value of carriage and paying a supplemental charge if required.									
Issuing Carrier's Agent Name and City		Accounting Information									
Agent's IATA Code	Account No.										
Airport of Departure (Addr. of First Carrier) and Request Routing											
To	By First Carrier	Routing and Destination	to	by	to	by	Currency	CHGS Code	WT/VAL PPD / COLL	Other PPD / COLL	Declared Value for Carriage	Declared Value for Customs
Airport of Destination	Fight/Date	For Carrier Use Only	Flight/Date			Amount of Insurance	INSURANCE: IF carrier offers insurance, and such insurance is requested in accordance with the conditions thereof, indicate amount to be insured in figures in box marked "Amount of Insurance".				
Handling Information									SCI		
No. of Pieces RCP	Gross Weight	kg/12	Rate Class	Commodity Item No.	Chargeable Weight	Rate/Charge	Total	Nature and Quality of Goods (incl. Dimensions or Volume)			
Prepaid		Weight Charge		Collect		Other Charges					
	Valuation Charge										
	TAX										
	Total Other Charges Due Agent					Shipper certifies that the particulars on the page hereof are correct and that insofar as any part of the consignment contains dangerous goods, such part is properly described by name and is in proper condition for carriage by air according to the applicable Dangerous Goods Regulations. Signature of Shipper or His Agent					
	Total Other Charges Due Carrier										
Total Prepaid		Total Collect				Executed on (date)　　　　　　at (place) Signature of Issuing Carrier or Its Agent					
Currency Conversion Rates		CC Charges in Dest. Currency									
For Carrier's Use only at Destination		Charges at Destination				Total Collect Charges					

单据三十一　电报单的填写

电 报 单

标题	
内容	
经办人签字：	年　　　月　　　日　　　时
电报号	
经办人签字：	年　　　月　　　日　　　时

第二部分

实践原理理论知识自我检测

为了使读者加深对业务理论知识的理解,检测民航货物运输知识的掌握效果,该部分包括八套自我检测题目。

自我检测一

一、填空题（每题1分，共10分）

1. 现代运输按其运输方式分为铁路运输、_____、水路运输、航空运输、特种运输。
2. 国际民用航空组织于1944年12月7日签署_____。
3. 国际航空运输协会简称_____。
4. 《芝加哥公约》除了序言外，分为空中航行、_____、国际航空运输、最后条款。
5. IATA TC1 管理加勒比海次区、墨西哥次区、_____、南美洲次区。
6. 飞机主要分为两种舱位：主舱、_____。
7. 飞机按使用用途划分为全客机、_____以及客货两用机。
8. 客货两用机不仅下舱装载货物，主舱也分为两个部分：前部用于承载旅客，后部用于装载货物。飞机代号字母用_____。
9. 凡托运人托运的货物，由非宽体机载运，单件重量超过80千克或体积超过40厘米×60厘米×100厘米，称为_____。
10. 国际航空货物单一般由一式十二联组成：_____。

二、选择题（每题2分，共20分）

1. 特种运输包括管道运输以及（　　）方式。
   A. 铁路运输　　　　　　B. 公路运输
   C. 水路运输　　　　　　D. 索道运输
2. General Information 一般常识介绍，包括TATL区域、城市、（　　）、公司代码、缩语代码等内容。
   A. 机场　　　　　　　　B. 机场代码
   C. 飞机型号　　　　　　D. 飞机航程
3. 客货两用机不仅下舱装载货物，主舱也分为两个部分：前部用于承载旅客，后部用于装载货物。飞机代号字母用（　　）。

A. B   B. C
C. U   D. M

4. 在使用客货混用机运输时,国际运输每次班机载货总价值不能超过(　　)万美元。
   A. 100   B. 110
   C. 120   D. 130

5. 国际航空邮件按国际普通货物运价(　　)千克以上计收。
   A. 20   B. 25
   C. 30   D. 45

6. 邮件运输承运人接受邮政部门交运的国内和(　　)航空邮件。
   A. 国际   B. 支线
   C. 地区   D. 区域

7. 国内运输中,运价进位到角,角以下采用(　　)法舍入。
   A. 四舍五入   B. 去尾
   C. 进一   D. 随意

8. 国际航空货物单的C表示(　　)。
   A. 指定商品运价
   B. 等级附减运价
   C. 等级附加运价
   D. 最低运费

9. 危险品处理费自中国至IATA一区、二区、三区,每票货物的最低收费标准均为人民币(　　)元。
   A. 100   B. 200
   C. 300   D. 400

10. 航空邮运结算单的填制上,始发站栏填写始发站(　　)名称。
    A. 机场   B. 航空公司
    C. 国家   D. 机型

三、**名词解释**(每题4分,共20分)
   1. 航空货物运输

2. 国内航空货物运输运价

3. 国内航空货物运输运费

4. 体积重量

5. 体积重量单位

四、简答题(每题6分,共30分)

1. 航空货物市场的特征有哪些?

2. 航空货物运输市场被细分为哪几个方面?

3. 简述航空公司出港货物操作程序。

4. 货物收运的限制条款有哪些?

5. 货物收运的包装要求有哪些?

五、论述题(每题10分,共20分)

1. 简述国际航空货物单的组成。

2. 国内货物收运禁止和限制运输的物品有哪些?

自我检测二

一、填空题(每题1分,共10分)

1. 航空货物运输分为普通运输、急件运输、_____、包机运输、包舱运输、货主押运。
2. 国际货物代理协会联合会简称_____。
3. 《华沙公约》中规定了国际运输的两个方面,即_____与航空承运人损害赔偿责任。
4. 《蒙特利尔协议》中特别提款权,简称_____。
5. IATA TC2 管理欧洲次区、_____、非洲次区。
6. 波音747分为三种舱位:主舱、_____、下舱。
7. 窄体飞机机身宽约3米,客舱旅客座位之间只有_____条通道。
8. 全客机是主舱全部装运旅客,只用_____装载货物的飞机。
9. 全货机主舱和下舱都用于装运货物。其飞机代号用字母_____。
10. 航空货物运输规则包括总则、规定和_____等内容,是货物运输的核心。

二、选择题(每题2分,共20分)

1. 通常广义的航空货物服务不包括(　　)服务。
   A. 普通意义货物运输　　　　B. 航空邮件
   C. 航空包装　　　　　　　　D. 航空快递
2. 国际货币组织指定的货币是由美元、英镑、法郎、马克、(　　)通过加权方式计算而来。
   A. 人民币　　B. 韩币　　C. 卢布　　D. 日元
3. Acceptance for Carriage 收运包括托运人文件、(　　)、预定吨位、无法交付货物的处理等内容。
   A. 货物保障　　　　　　　　B. 货物包装
   C. 货物接收　　　　　　　　D. 货物完成

4. 全货机主舱和下舱都用于装运货物,其飞机代号用字母(　　)。
   A. E　　　　　　　　　　B. F
   C. R　　　　　　　　　　D. D

5. 普通货物标准运价:指45千克以下普通货物运价。代码为(　　)。
   A. N　　　　　　　　　　B. K
   C. H　　　　　　　　　　D. D

6. 重量分界点运价:指普通货物45千克以上及100千克、300千克、500千克以上多个重量分界点运价。代码为(　　)。
   A. Q　　　　　　　　　　B. T
   C. U　　　　　　　　　　D. I

7. 国内货物运输:每份航空货运单的退运手续费为人民币(　　)元。
   A. 10　　　　　　　　　B. 15
   C. 20　　　　　　　　　D. 25

8. 货机每次班机载物总价值不能超过(　　)万美元。
   A. 4 000　　　　　　　B. 4 500
   C. 5 000　　　　　　　D. 5 500

9. 情况查询电报发给运输货物的(　　)要求告知货物的现时情况。
   A. 承运人　　　　　　　B. 发货人
   C. 收货人　　　　　　　D. 查货物人

10. 电文是按照计算机识别和人工阅读的需要编写的,并尽可能短,一份电报最多不超过(　　)个字母。
    A. 1 600　　　　　　　B. 1 700
    C. 1 800　　　　　　　D. 1 900

三、名词解释(每题4分,共20分)

1. 货物最低运费

2. 普通货物运价

3. 地面运输费

4. 不正常运输报告电报

5. 差错答复电报

四、简答题(每题6分,共30分)

1. 国内货物运价种类有哪些?

2. 列举有哪些操作标签。

3. 我国航空货物运价体系由哪几个部分组成?

4. 航空货物运价有哪几种?

5. 简述货物运价的使用顺序。

五、论述题(每题 10 分,共 20 分)

1. 论述航空货物单主要有哪些作用。

2. 阐述国际货物收运的限制与要求。

自我检测三

一、填空题（每题1分，共10分）

1. IATA TC3 管理南亚次大陆次区、东南亚次区、_____、日本朝鲜次区。
2. 飞机按机身宽度可分为宽体飞机和_____。
3. 常见的窄体飞机波音系列有_____。
4. 宽体机的客舱旅客座位之间有_____条通道。
5. 《国际航空货物运价手册》简称_____。
6. 航空货物代理人是航空货物运输市场中连接货主和_____的重要桥梁和纽带。
7. 集中托运人是指专门从事空运货物代理的发运代理业务的_____。
8. 一张托运书的货物只能有_____、一个收货人，并以此填写一份航空货物单。
9. 宽体飞机载运货物重量限制为每件货物重量不超过250千克，体积一般不超过_____。
10. 国内民航货物规定，每票货物的声明价值不超过人民币_____万元，客货混用机每次班机载运货物总价值不能超过人民币500万元。

二、选择题（每题2分，共20分）

1. 下货舱集装箱高度不超过（　　）厘米。
   A. 163　　　　B. 164　　　　C. 165　　　　D. 166
2. 主货舱集装箱高度在（　　）厘米以上。
   A. 160　　　　B. 161
   C. 162　　　　D. 163
3. 丢失货物装机站做好调查记录后，应在（　　）小时内将调查结果电告货物丢失站。
   A. 4　　　　　B. 6
   C. 12　　　　 D. 24

4. 国内航空邮件中普通邮件按国内普通货物基础运价收费,特快专递按普通货物基础运价的( )计收。
   A. 100%   B. 150%
   C. 200%   D. 250%

5. 地面运输费,在出发地使用的车辆,每千克收取人民币( )元。
   A. 0.1   B. 0.2
   C. 0.3   D. 0.4

6. 每份航空货物单最低地面运输费为人民币( )元。
   A. 2   B. 3
   C. 4   D. 5

7. 幼禽类指出生不足( )小时的幼禽。
   A. 24   B. 48
   C. 72   D. 96

8. 贵重货物指每千克申报价值大于或等于( )美元的任何货物。
   A. 1 000   B. 2 000
   C. 3 000   D. 4 000

9. 普通货物的比例运价,用( )表示。
   A. GCR   B. SGR
   C. ULD   D. GSR

10. 在国际运输中无法交付货物通知单一般用( )填写。
    A. 汉语   B. 英语
    C. 法语   D. 汉、英语均可

三、名词解释(每题4分,共20分)

1. 情况查询电报

2. 情况答复电报

3. 非自愿变更运输

4. 自愿变更运输

5. 货物破损

四、简答题(每题6分,共30分)

1. 航空货物代理人有哪些划分方法?

2. 飞机代码是由哪个组织规定编号的?

3. 中国航空运输协会是一个怎样的组织?

4. 简述航空公司出港货物的操作程序。

5. 简述国际航空货运的进口业务流程包括哪两个大部分。

五、论述题(每题10分,共20分)

1. 《芝加哥公约》规定了哪五种空中自由权？

2. 包机人如何向航空公司提出包机申请？

自我检测四

一、填空题(每题1分,共10分)

1. TACT 运输手册分为规则手册和_____。
2. 货物收运规定承运人应根据能力、货物的性质和_____,有计划收运货物。
3. 托运人交运的货物的包装、重量、体积和_____等必须要符合民航的相关规定。
4. 限制运输的物品是指政府法令规定只有符合_____才能运输的物品。
5. 窄体飞机载运货物重量限制为每件货物重量不超过80千克,体积一般不超过_____。
6. 货物包装除应适合货物的性质、状态和重量外,还要便于搬运、_____和码放。
7. 液体货物容器内部必须留有_____的空隙,封盖必须平、密,不得泄漏。
8. 用玻璃容器盛装的液体,每一容器的容量不得超过_____毫升。
9. 用袋盛装的,最外层应使用塑料涂抹编织袋做外包装,并保证粉末不致漏出,单件货物毛重不得超过_____千克。
10. 多层次包装:即货物—衬垫材料—内包装—_____—运输包装。

二、选择题(每题2分,共20分)

1. 普通货物的比例运价,用(　　)表示。
   A. GCR　　　　　　　　B. SGR
   C. ULD　　　　　　　　D. GSR

2. 指定商品的比例运价,用(　　)表示。
   A. SCR　　　　　　　　B. ULD
   C. GCR　　　　　　　　D. GSR

3. 集装箱的比例运价,用(　　)表示。
   A. SCR　　　　　　　　B. GCR

C. GCP D. ULD

4. 国际货物运输,每份航空货物单的退运手续费为人民币(　　)元。
   A. 20 B. 30
   C. 40 D. 50

5. 航空货物的交付是指(　　)验收并在航空货物单上签字的全过程。
   A. 收货人 B. 运货人
   C. 承运人 D. 代理人

6. 在出发站,停止发运,通知(　　)提取,运费不退。
   A. 承运人 B. 收货人
   C. 代理人 D. 托运人

7. 特种货物机长通知单中的检查人一项是由(　　)签字。
   A. 配载人员 B. 机长
   C. 安全员 D. 地面人员

8. 特种货物机长通知单危险物品栏中,运输专用名称栏应填写(　　)。
   A. 爆炸品 B. 危险物品
   C. 贵重品 D. 普通货物

9. 对于液体类货物的包装,运输时应加贴(　　)标签。
   A. 易燃物品 B. 易碎物品
   C. 易爆物品 D. 易坏物品

10. 托运人交付贵重物品时,货物外包装上应贴(　　)标签。
    A. 不贴加任何 B. 贵重物品
    C. 防潮 D. 易碎物品

三、名词解释(每题4分,共20分)

1. 品名不符的货物

2. 有单无货

3. 丢失货物/邮件

4. 有货无单

5. 错贴(挂)货物标签

四、简答题(每题6分,共30分)

1. 简述国际航空货运出口业务的流程。

2. 从业务性质来看,常见的航空货物代理有哪几种?

3. 集中托运人能提供哪些服务项目?

4. 简述航空公司进港货物的操作程序。

5. 航空货物运价的特点有哪些?

五、论述题(每题 10 分,共 20 分)

1. 什么是集装运输?集装运输有哪些特点?

2. 集装设备有哪两种分类方法?

自我检测五

一、填空题(每题1分,共10分)

1. 纸箱包装材料的要求:应能承受同类包装货物码放_____的总重量。
2. 货物包装上标明托运人名称、_____、地址以及储运注意事项的标记。
3. 运输标签:标明货物单号码、_____、重量与件数的标记。
4. 运输标记应当由承运人或_____,并要逐件检查,发现错漏或位置不当时,应及时纠正。
5. 包机运输的货物,如果全属于一个单位,运往_____而不转机运输时,可以不用贴挂运输标记。
6. 标签可以分为_____、特种货物标签和操作标签。
7. 航空公司或其代理人根据托运书填制好货物单后,_____和承运人在货物单上签字或盖章后货物单即开始生效。
8. 在货物单的左上角、右上角和_____分别有货物单号码。
9. 货物单应由托运人填写,连同货物交给_____。
10. 在始发站货物运输开始后,_____上的"运输声明价值"一栏的内容不得修改。

二、选择题(每题2分,共20分)

1. 凡是需要冷藏的鲜活易腐物品,保管期限不满一日按一日计算,每份货运单最低收取保管费人民币(　　)元。
   A. 10 　　　　　　　　　　B. 20
   C. 30 　　　　　　　　　　D. 40
2. 国际航空货物运输费用其他费用代号当中 TX 表示(　　)。
   A. 目的地保管费　　　　　　B. 地面运输费
   C. 过境费　　　　　　　　　D. 捐税
3. 国际航空货物运输费用其他费用代号当中 TR 表示(　　)。
   A. 目的地保管费　　　　　　B. 地面运输费

C. 过境费   D. 捐税

 4. 航空货物的交付是指( )验收货物并在航空货物单上签字的全过程。
   A. 收货人   B. 发货人
   C. 验收人   D. 承运人

 5. 特种货物机长通知单离港日期应由( )签字。
   A. 机长   B. 乘务员
   C. 公安   D. 填写人

 6. 活体动物在飞机起飞前( )小时以内刚刚分娩的,一般不予收运。
   A. 24   B. 48
   C. 72   D. 96

 7. 预定吨位申请方式有两种:外部申请和( )。
   A. 内部申请   B. 电脑申请
   C. 电话申请   D. 员工申请

 8. 预定吨位电报统一识别为( )。
   A. FFR   B. FFE
   C. FFT   D. FFY

 9. 国际货物托运书始发站一栏,填写始发站机场的全称以及( )名称。
   A. 城市   B. 地区
   C. 国家   D. 航空公司

 10. 普通货物比例运价只能与普通货物比例运价相加,即( )。
   A. GCR + GCR   B. SCR + SCR
   C. ULD + ULD   D. ULD + SCR

三、名词解释(每题4分,共20分)

 1. 货物漏卸

 2. 货物多收

3. 货物少收

4. 货物错卸

5. 中途拉卸

四、简答题(每题6分,共30分)

1. 混运货物中不得包括哪些物品？

2. 货物仓库主要包括哪些工作？

3. 中转站接受中转货物时应当进行哪些项目的检查？

4. 货物出仓必须做到"三核对"与"三符合","三核对"与"三符合"的内容是什么?

5. 简述货物装卸的一般要求。

五、论述题(每题10分,共20分)

1. 论述错贴(挂)货物标签的处理办法。

2. 请解释集装箱识别编号的组成及含义。

自我检测六

一、填空题(每题1分,共10分)

1. 识别标签的作用是说明货物单号码、件数、重量、_____、目的站、中转站的一种运输标志。
2. 特种货物标志的作用是特种货物性质的_____。
3. 航空货物单是托运人和承运人之间缔结的_____,同时也是承运人运输货物的重要证明文件。
4. 航空公司或其代理人使用的航空货物单分为有出票航空公司标志的航空货物单和_____的中性货物单两种。
5. 航空公司或其代理人根据托运书填制好货物单后,_____在货物单上签字或盖章后货物单即开始生效。
6. 航空邮运结算单上,应分运费栏应由承运航空公司财务部门填写相应的_____,按规定的分配办法,计算出承运人应分得邮运运费数额。
7. 航空邮运结算单上,邮件种类栏应填写_____提出的在空运中需要注意的事项等。
8. 在始发站货物运输开始后,_____上的运输声明价值一栏的内容不得修改。
9. 在中国境内,航空运费和其他费用以_____支付。
10. 国内运输,运价进位到角,角以下四舍五入。结算单位为_____。

二、选择题(每题2分,共20分)

1. 普通货物比例运价只能与普通货物比例运价相加,即(   )。
   A. GCR + GCR   B. SCR + SCR
   C. ULD + ULD   D. ULD + SCR

2. 集装箱比例运价只能与集装箱比例运价相加,即(   )。
   A. GCR + GCR   B. SCR + SCR
   C. ULD + ULD   D. ULD + SCR

3. 保管期限不满一日按一日计算,每份货运单最低收取保管费人民币( )元。
   A. 2   B. 3
   C. 4   D. 5

4. 贵重物品的保管期限不满一日按一日计算,每份货运单最低收取保管费人民币( )元。
   A. 20   B. 30
   C. 40   D. 50

5. 危险物品的保管期限不满一日按一日计算,每份货运单最低收取保管费人民币( )元。
   A. 10   B. 20
   C. 30   D. 40

6. 国际航空货物运输费用其他费用代号当中 SR 表示( )。
   A. 目的地保管费   B. 地面运输费
   C. 过境费   D. 捐税

7. 液体货物容器内部必须留有( )的空隙,封盖必须平、密,不得溢出。
   A. 1%~5%   B. 5%~10%
   C. 10%~15%   D. 15%~20%

8. 国际货运单上,承运人栏一项应填写承运人的( )。
   A. 一字代码   B. 两字代码
   C. 三字代码   D. 名字

9. 在中国境内,航空运费和其他费用以( )支付。
   A. 人民币   B. 欧元
   C. 美元   D. 英镑

10. 目的站填开"货物运费更改通知单",向( )结算所用费用。
    A. 始发站   B. 中转站
    C. 目的站   D. 经停站

三、名词解释(每题4分,共20分)
   1. 货物漏装

2. 危险物品

3. 生物制品

4. 外交信袋

5. 急件货物运输

四、简答题(每题 6 分,共 30 分)

1. 特种货物机长通知单最少分为几联？分别为哪几联？

2. 特殊处理的货物运输中鲜活易腐货物的收运条件是什么？

3. 急件货物运输的收运条件是什么？

4. 简述危险品货物的分类。

5. 危险品运输的基本操作原则有哪些?

五、论述题(每题10分,共20分)

1. 贵重物品收运时需要检查哪些方面?

2. 货物运输的赔偿限额有哪些规定?

自我检测七

一、填空题（每题1分，共10分）

1. 航空邮运结算单上，件数栏应填写邮件的件数及送交邮件的_____。
2. 承运人经民航局和国家物价局批准，可以收取_____、退运手续费、燃油附加费、战争险和保管费等货物杂费。
3. 实际毛重是指_____在内的货物重量，用于衡量收运货物的重量。
4. 国内运输中，实际毛重以千克为单位，重量不足_____的，尾数四舍五入。
5. 货物运价长期协议通常是指航空公司与托运人或代理人签订_____期限的协议。
6. 货物运价短期协议通常是指航空公司与托运人或代理人签订_____期限的协议。
7. 普通货物标准运价是指45千克以下普通货物运价，代码为_____。
8. 国际运输中，货物的长度单位有_____。
9. 货币代码由国家二字代码和货币简称_____个字母组成。
10. 国际货物到达时，必须由_____进行检查。

二、选择题（每题2分，共20分）

1. 国际航空货物运输费用中，其他费用字母AT代表（　　）。
   A. 动物容器租费　　　　　　B. 集中货物服务费
   C. 押运员服务费　　　　　　D. 货物单费
2. 国际航空货物运输费用中，其他费用字母AW代表（　　）。
   A. 动物容器租费　　　　　　B. 集中货物服务费
   C. 押运员服务费　　　　　　D. 货物单费
3. 中国对每份国际货物单最低收取人民币（　　）元。
   A. 20　　　　　　　　　　　B. 30
   C. 40　　　　　　　　　　　D. 50

4. 国际货物运输,每份航空货物单的退运手续费为人民币( )元。
   A. 20   B. 30
   C. 40   D. 50

5. 货邮舱单的保存期限为( )年。
   A. 1   B. 2   C. 3   D. 4

6. 国际到达货物,必须由( )进行检查。
   A. 海关人员   B. 机场人员
   C. 航空公司人员   D. 公安

7. 第二承运人栏,填写第二承运人的( )。
   A. 一字代码   B. 两字代码
   C. 三字代码   D. 名字

8. 邮件运输中,( )运输邮件,仅对邮政企业承担责任。
   A. 承运人   B. 托运人
   C. 押运人   D. 保管人

9. 航空邮运结算单的填制上,始发站栏填写始发站( )名称。
   A. 机场   B. 航空公司
   C. 国家   D. 机型

10. 航空邮运结算单的填制上,目的站栏填写航空邮件空运目的地( )名称。
    A. 机场   B. 航空公司
    C. 国家   D. 机型

三、名词解释(每题4分,共20分)

1. 活体动物

2. 中转货物运输

3. 货物保管

4. 集装货物运价

5. 混运货物

四、简答题(每题6分,共30分)

1. 包机费用有哪些?

2. 包舱运输的形式有哪些?

3. 航空邮运结算单分为哪几联?

4. 货物不正常运输有哪几种类型？

5. 简述中途拉卸货物的处理办法。

五、论述题(每题10分,共20分)

1. 阐述漏卸货物的处理程序。

2. 阐述生物制品的运输规定。

自我检测八

一、填空题(每题1分,共10分)

1. 无法交付货物通知单一式三份,一份寄往有关货物部门,一份交给_____,一份存查。
2. 无法交付的原因在适合的小方格内用"_____"表示。
3. 国际运输中,未办理声明价值的货物,在运输过程中发生损失,承运人承担的最高赔偿限额为:毛重为每千克_____计算单位(SDR 特别提款权)。
4. 托运货物发生损失,收货人应当在发现损失后_____日内向承运人提出异议。
5. 民航货物业务电报主要由三部分构成:收发点地址、_____和电文。
6. 预定吨位申请方式有两种:_____。
7. 预定吨位电报统一识别码为_____。
8. 为在特定地区或航线上运输特定品名的货物而指定的货物运价,其代码为_____。
9. 为运输指定的等级货物而指定的货物运价是在普通货物标准运价的基础上增加一定百分比,其代码为_____。
10. 中国民航规定,国际货物运输中,每票货物的声明价值不得超过_____。超过该价值,需要填写多份航空货物单。

二、选择题(每题2分,共20分)

1. 国际航空货物单的 R 表示(　　)。
   A. 指定商品运价　　　　B. 等级附减运价
   C. 等级附加运价　　　　D. 最低运费
2. 国际航空货物单的 S 表示(　　)。
   A. 指定商品运价　　　　B. 等级附减运价
   C. 等级附加运价　　　　D. 最低运费

3. 国际航空货物单的 U 表示(　　)。
   A. 指定商品运价
   B. 等级附减运价
   C. 集装设备的最低费用及适用的最低费用
   D. 超过集装设备的最低费用及适用的最低费用

4. 国际航空货物单的 E 表示(　　)。
   A. 指定商品运价
   B. 等级附减运价
   C. 集装货物附加运价
   D. 超过集装设备的最低费用及适用的最低费用

5. 为了便于搬运,每件鲜活易腐货物的重量以不超过(　　)千克为宜。
   A. 25　　　　　　　　　　B. 30
   C. 35　　　　　　　　　　D. 40

6. 为了便于搬运,每件水产品连运输包装的重量不应超过(　　)千克。
   A. 25　　　　　　　　　　B. 30
   C. 35　　　　　　　　　　D. 40

7. 外交信袋收费办法:国内运输中按照普通货物基础运价的(　　)计收。
   A. 100%　　　　　　　　　B. 150%
   C. 200%　　　　　　　　　D. 250%

8. 邮件运输中,(　　)运输邮件,仅对邮政企业承担责任。
   A. 承运人　　　　　　　　B. 托运人
   C. 押运人　　　　　　　　D. 保管人

9. 航空邮运结算单的填制上,始发站栏填写始发站(　　)名称。
   A. 机场　　　　　　　　　B. 航空公司
   C. 国家　　　　　　　　　D. 机型

10. 航空邮运结算单的填制上,目的站栏填写航空邮件空运目的地(　　)名称。
    A. 机场　　　　　　　　　B. 航空公司
    C. 国家　　　　　　　　　D. 机型

三、**名词解释**(每题 4 分,共 20 分)

1. 等级货物运价

2. 地面运输费

3. 分组相加组合运价

4. 航空货物计费重量

5. 航空货物运输业务流程

四、**简答题**(每题 6 分,共 30 分)

1. 简述错贴(挂)货物标签的处理办法。

2. 简述有单无货的处理办法。

3. 当丢失货物或者邮件时,装机站应做好哪些工作?

4. 当丢失货物或邮件时,经停站应做好哪些工作?

5. 自愿运输变更货物在交运后,托运人在提取前有权利对货运单上所列全部货物的运输作哪些变更?

五、论述题(每题10分,共20分)

1. 鲜活易腐货物运输有哪些规定?

2. 货物仓储、运送和装卸作业主要包括哪些工作?

第三部分

民航货运培训系统及实训

该部分详细介绍了民航货运培训系统,并针对该系统开发出了八个实训,每个实训均包含实训目的、原理、内容、操作步骤、实训要求和思考题六个方面。实训环节各自独立,读者可以根据实际需要有针对性地上机操练。教员可随时查看学员操作过程及得分情况,也可以只进行练习讲评来辅助教学。

第一章 系统概述

1.1 系统安装流程

1. 采集用户服务器上的 CPUID 号等,结合系统程序,制作安装参数,加密,形成安装数据库文件"Cargo_GEN.mdb"。
2. 在用户服务器上运行安装文件"货运培训系统安装.exe"。
3. 将安装数据库文件"Cargo_GEN.mdb"复制到安装文件的运行文件夹下。
4. 运行"sys_Install.exe",出现如下界面:

图 1.1 "民航货运安装"界面

5. 运行"建 SQL_数据表和数据"模块。
6. 建立货运培训系统的 SQL 数据库,数据表初始化系统必须要用的基础静态数据。
7. 运行"升级更版"模块,保证网络上至少能使 150 个学员同时使用该培训系统,并设置维护。
8. 运行"货运基础运价维护"模块,设置维护国内/国际各个主要城市的货物运输基础运价。

9. 运行"货运航班计划表发放"模块,制定国内/国际主要城市运行航班计划,系统使用前需定期发放。

10. 运行"系统参数管理"模块,主要设置缺省的货物运输的进出港城市。

1.2 货运培训系统教员系统网络版

首先,系统必须要在网络服务器上安装后才能正常运行。安装流程如下:
1. 在教员的用户终端上,运行安装文件"货运培训系统教员网络版.exe"。
2. 将安装数据库文件"Cargo_GEN.mdb"复制到安装文件的运行文件夹下。
3. 运行"ARGO_TRAIN.exe"。

教员系统界面如图1.2所示,主要模块包含:

图1.2 "教员系统网络版"界面

(1)"IATA区划、公司、城市、航线、航班表"模块,用于航空运输的基本知识、概念的学习、查阅及讲授。

(2)"机型货舱参数"模块,用于常见机型货舱的基本知识和概念的学习、查阅及讲授。

(3)"国际汇率,标准运价"模块,用于民航货运运价种类的相关知识、概念的学习、查阅及讲授。

(4)"航空货物类别"模块,用于货物类别的基本知识、概念的学习、查阅及讲授。

（5）"出港收货管理"模块，用于货物运输货款的计算演练，委托书、航空货运单的学习演练讲授与考试。

（6）"空运货物航班配载（货运单）"模块，用于教员的出港航班配舱的学习演练讲授与考试。

（7）"进港货物分单入库"模块，用于教员进行进港航班分单、下单的学习演练讲授与考试。

（8）"系统数据管理维护"模块，用于教员对系统的动态参数的维护管理、航班数据动态维护、用户权限的设定、试题的生成、考试控制等。

（9）"学员练习讲评考试查询"模块，用于教员对学员练习的讲评，对学员考试的自动判卷、评分、统计等管理。该模块具有实训考试功能的监控和管理。

1.3 货运培训系统的出港收货管理

图1.3 "航空货运收货管理"界面

（1）"航空货物出港流程"模块，用于航空货物出港的基本知识、概念的学习、查阅及讲授。

（2）"航空货物进港流程"模块，用于航空货物进港的基本知识、概念的学习、查阅及讲授。

（3）"航空货物托运书"模块，包含国内、国际货运托运书，用于基本技能的学习、演练及讲授。

（4）"航空货物货运单"模块，包含国内、国际货物货运单，用于基本技能的学习、演练及讲授。

（5）"国内运费计算及货运单填制演练"模块，用于基本技能的学习、演练及讲授。

（6）"国际运费计算及货运单填制演练"模块，用于基本技能的学习、演练及讲授。

（7）"航空货物出口海关单填写"模块，用于基本技能的学习、演练及讲授。

（8）"航空货物进口海关单填写"模块，用于基本技能的学习、演练及讲授。

1.4 系统数据管理维护

1.4.1 系统初始化

系统初始化共包括五大部分，依次为：整理数据库数据、航班计划表发放、生成试题库、当日货运单生成下载、考试控制。日常使用系统时，前四个部分必不可少，至少运行一次。考试控制部分可以由老师在考试当天进行设置。具体操作如下：

1. 进入"数据库数据维护"界面，做初始化工作。

图 1.4 "数据库数据维护"界面

2. 鼠标点击"整理数据库数据",进入如下界面:

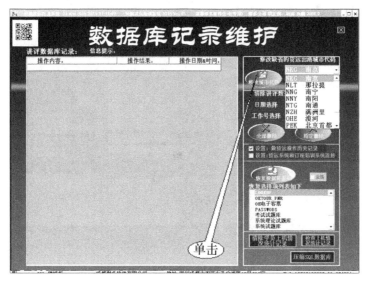

图 1.5 "整理数据库数据"界面

3. 如图 1.5 所示,在下拉列表中,选择和确定缺省的进出港城市。比如,选定为"南京",点击"城市代码"。退出界面,返回"数据库数据维护"界面(见图 1.4)。

4. 点击"货运航班运行表",界面如下:

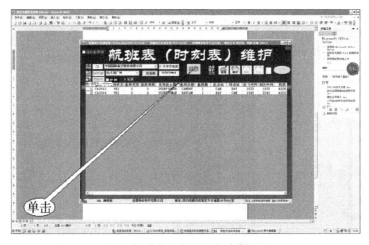

图 1.6 "货运航班运行表"界面

5. 在上面的界面中,点击"货运季度航班生效"。退出界面,返回"数据库数据维护"界面。

6. 点击"货运航班计划表发放",界面如下:

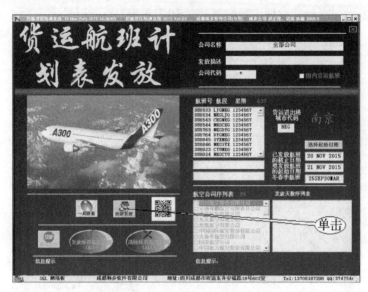

图1.7 "货运航班计划表发放"界面

7. 一般情况下,依次点击"快捷发放""发放有航线航班"。这样,一周的货运航班计划就生成了。航空货运的货物运输才能像生产系统一样,落实到运输公司和运输的航班上。退出界面,返回"数据库数据维护"界面。

8. 点击"生成试题库",界面如下:

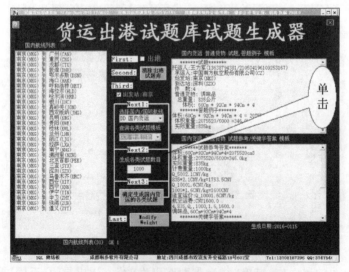

图1.8 "货运出港试题库试题生成器"界面

出题时可由试题库中的题目(如托运单、货运单和收货项目)自动生成,也可以是自拟的题型及题目。试题库中的题目,由老师按需自动生成,学员随机抽取,各不相同,并有参考答案。退出界面,返回"数据库数据维护"界面。

9. 点击"试题库管理",界面如下:

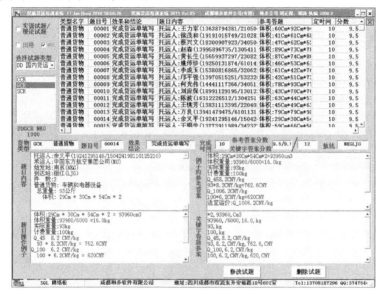

图1.9 "试题库管理"界面

在该界面上,可修改、删除试题。默认有18 000个基本例子,也可由教员根据需要增加。

10. 在"数据库数据维护"界面点击"货运航班货运单生成下载",界面如下:

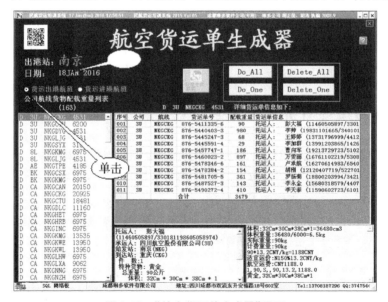

图1.10 "航空货运单生成器"界面

在此界面生成指定日期的所有公司的出港和进港各条航线的具有标准项目的航空货运单。学员可以进行出港航班的货物配载、进港航班的分单入库、查询、货物发送等练习。

11. 在"数据库数据维护"界面点击"考试控制",界面如下:

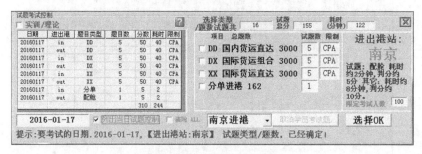

图 1.11 "考试控制"界面

教员可以确定考试日期,根据考试人数选择进港/出港,确定每位学员的考试类型和题目数量。到了考试日期,在学员演练的界面上就会出现考题选择界面。

以上是运行货运培训系统所必需的基础数据。

1.4.2 附加说明

1. 货物的种类、名称和编码,将以《中华人民共和国海关进出口税则》(2015年版)中的海关编码即 HS 编码规则为标准,进行商品品名完善。

2. 国内各个航空公司、各个城市、各条航线的航空货物运价,是以我国民航总局颁发的《关于下发国内航空货物运价的通知》为指导规则和依据所制定的货物运输价格。本系统的普通货物的基础运价(元/kg),是按照各个公司客运基础价格(Y 舱)的 0.8% 确定。

1.5 国内运费计算及货运单填制

国内货物运输的运费计算,用于基本技能的学习、演练及讲授。

1. 货物类别:GCR(普通货物)、CCR(特殊货物)、SCR(指定商品)。
2. 题目:此货物类别中的具体试题。
3. 根据题目的商品查运价,按货物运价计算规则进行运价计算,填写单据。
4. 此界面适合学员进行大量的演练。

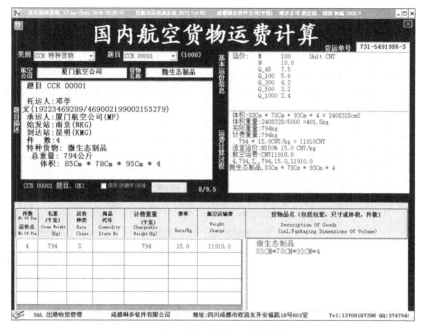

图 1.12 "国内航空货物运费计算"界面

1.6 国际运费计算及货运单填制

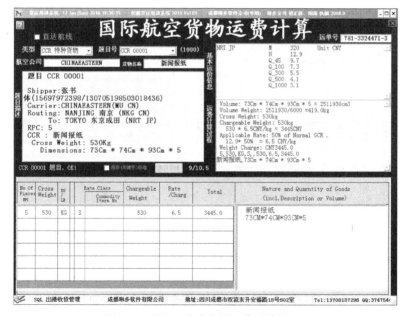

图 1.13 "国际航空货物运费计算"界面

国际货物运输的运费计算,用于基本技能的学习、演练及讲授。
1. 选择直达航线运价与组合航线运价两种运价方式。
2. 货物类别:GCR(普通货物)、CCR(特殊货物)、SCR(指定商品)。
3. 题目:此货物类别中的具体试题。
4. 根据题目的商品查运价,按货物运价计算规则进行运价计算,填写单据。
5. 此界面适合学员进行大量的演练。

1.7 航空货物托运书

"国内货物托运书填写"界面如图1.14所示。

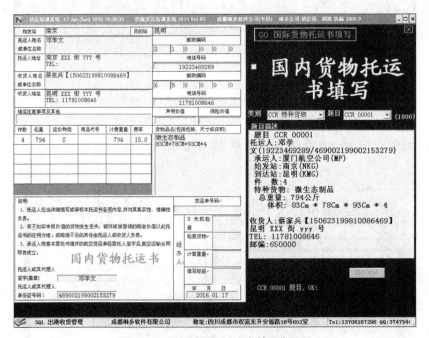

图1.14 "国内货物托运书填写"界面

"国际货物托运书填写(直达航线)"界面如图 1.15 所示。

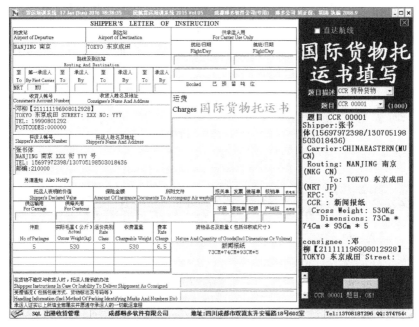

图 1.15 "国际货物托运书填写(直达航线)"界面

"国际货物托运书填写(组合航线)"界面如图 1.16 所示。

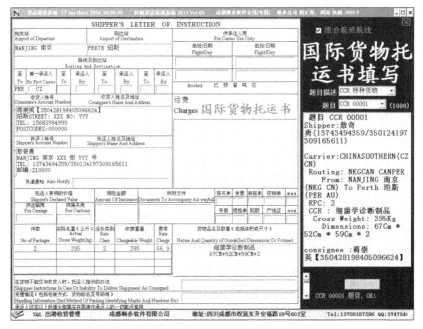

图 1.16 "国际货物托运书填写(组合航线)"界面

国内、国际航空货物托运书,用于基本技能的学习、演练及讲授。
1. 货物类别:GCR(普通货物)、CCR(特殊货物)、SCR(指定商品)。
2. 题目:此货物类别中的具体试题。
3. 题目的商品查运价,按货物运价计算规则进行运价计算,填写托运书。
4. 适合学员进行大量的演练。

1.8　航空货物货运单

"国内航空货运单"界面如图 1.17 所示。

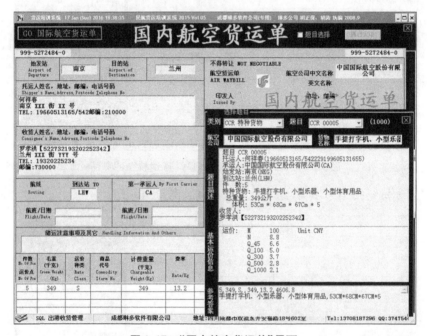

图 1.17　"国内航空货运单"界面

"国际航空货运单(直达航线)"界面如图1.18所示。

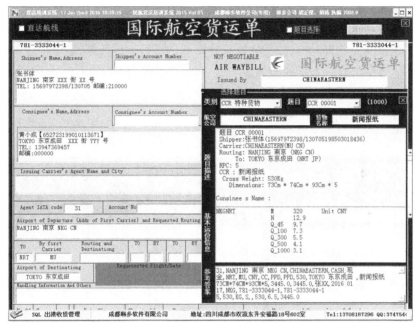

图1.18 "国际航空货运单(直达航线)"界面

"国际航空货运单(组合航线)"界面如图1.19所示。

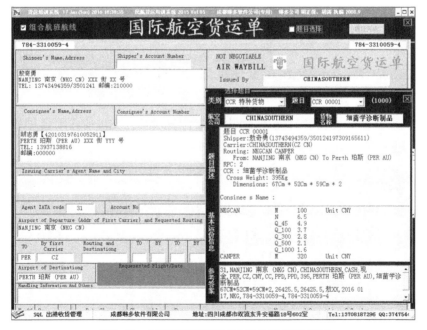

图1.19 "国际航空货运单(组合航线)"界面

国内、国际航空货物货运单,用于基本技能的学习、演练及讲授。
1. 货物类别:GCR(普通货物)、CCR(特殊货物)、SCR(指定商品)。
2. 题目:此货物类别中的具体试题。
3. 题目的商品查运价,按货物运价计算规则进行运价计算,填写货运单。
4. 适合学员进行大量的演练。

1.9 出港货物航班配载

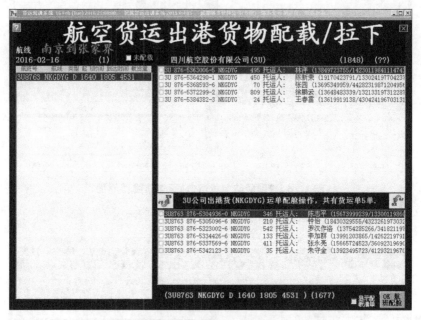

图 1.20 "航空货运出港货物配载/拉下"界面

航空货运出港货物航班配载,是出港货物装入航班飞机前必须要做的工作。步骤如下:
1. 选择航空公司;
2. 选择航线;
3. 选择出港货物,根据飞机机型的货载量,进行配舱/拉下。
"配载交接舱单"界面如图 1.21 所示。

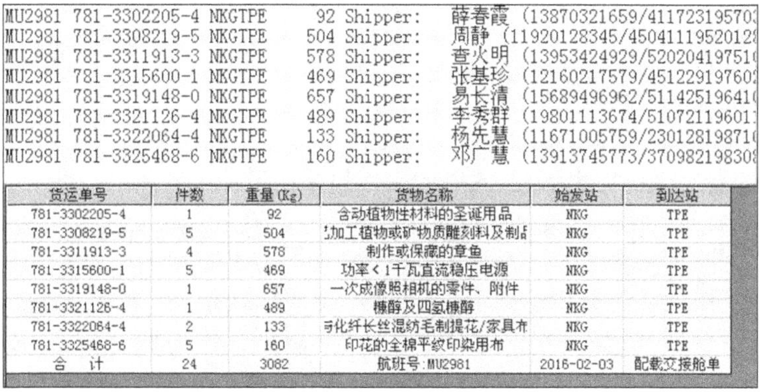

图 1.21 "配载交接舱单"界面

1.10 进港货物分单入库

图 1.22 "航空进港货物分单入库"界面

进港货物分单入库,是对进港的航班货物(货运单)进行分单,货物下载到指定的监控仓库。这是货物到达指定目的地后,必须要进行的程序工作,以便货物核对、报关、发送货物等工作继续进行。步骤如下:

1. 下载航线;

2. 下载航班；

3. 下载货运单；

4. 货运单与货物核对；

5. 资料归档。

飞机进港、分单、货物下配、入库的交接舱单如下：

图1.23 "飞机进港、分单、货物下配、入库的交接舱单"界面

经过出港货物航班配载(货运单)与进港货物分单入库的演练操作，学员可以学习并熟练掌握航空货运的操作过程。

1.11 航空货物出口海关单

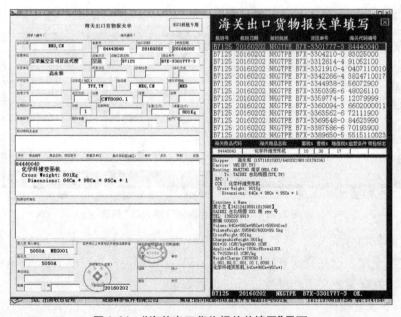

图1.24 "海关出口货物报关单填写"界面

此界面的运行是在出港货物航班配载(货运单)中对出口货物的海关报关单的模拟填写。报关单是真实模式,填写和要求各地有所差异。教员和学员可参考使用。

1.12 航空货物进口海关单

"海关进口货物报关单填写"界面如图 1.25 所示,此界面的运行是在进港货物分单入库中对进口货物的海关报关单的模拟填写。报关单是真实模式,填写和要求各地有所差异。教员和学员可参考使用。

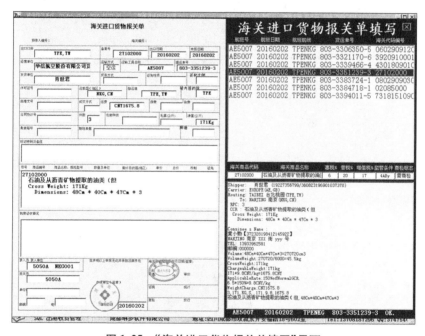

图 1.25 "海关进口货物报关单填写"界面

1.13 海关商品名称及编码

"海关商品名称及编码"界面如图 1.26 所示。

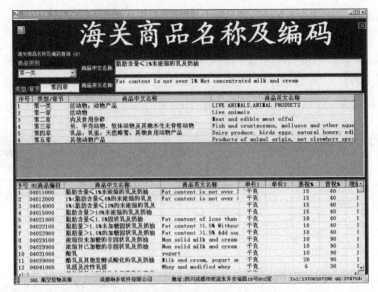

图 1.26 "海关商品名称及编码"界面

1.14 货运培训系统学员系统网络版

图 1.27 "学员系统网络版"界面

货运培训系统学员系统网络版支持多达150个学员同时上机操作。主要模块包括：

1. "IATA区划、公司、城市、航线、航班表"，提供对航空货运基础知识的查询和学习。

2. "机型货仓参数"，提供对航空货运中机型、货舱的基础知识的查询和学习。

3. "标准运价种类，国际汇率"，提供对航空货运的运价和国际汇率知识的查询和学习。

4. "航空货物及海关代码"，提供对航空货运货物分类及海关商品代码知识的查询和学习。

5. "出港收货管理"，提供航空货运流程及托运书、货运单填写，类别货物运价的计算练习。

6. "出港货物航班配载（货运单）"，提供对航空货运出港货物的配舱、配载的练习。

7. "进港货物分单入库"，提供对航空货运进港货物的分单、下载、核对、入库的练习。

图1.28 "IATA航空区域划分"界面

1.15 日常系统运行操作流程

至此，培训系统已经完成安装。为了能提供系统正常运行所需的操作数据，在

教员网络版的界面,进行如下操作流程:

1. 提供一周的运行航班,即在"货运航班计划表发放"界面中点击"快捷发放"。如需发放指定航段的数据,可单击"发放指定航段数据"按钮。

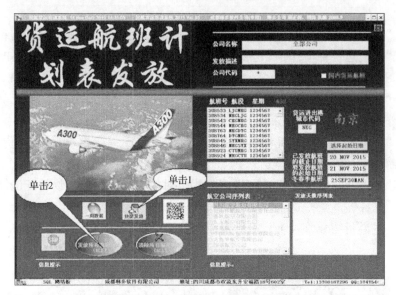

图1.29 "货运航班计划表发放"界面

2. 提供当日的出港和进港的货运单,即在"航空货运单生成器"界面中点击"快捷生成"。

图1.30 "航空货运单生成器"界面

1.16 学员练习讲评考试查询

图1.31 "练习讲评"界面

1. 教员可以通过选择日期,选择部门、工作号,调出学员平时的操作过程和系统的评判,给出参考的操作分数。

2. 根据考试日期,可以统计每一个学员的每一道试题操作的结果分数,并打印出操作的电子试卷。根据教员需要,输出统计报表。

1.17 实训/理论考试控制

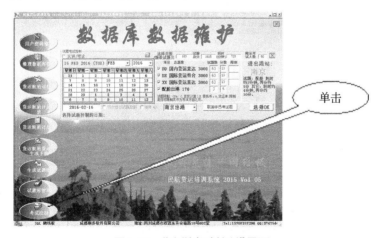

图1.32 "实训考试控制"界面

在"数据库数据维护"界面,单击"考试控制"按钮,可进行实训和理论试题考试控制。

1.18 其他界面

1. 货物运价查询:培训系统中的运价是按城市航线客票基础运价(Y 舱)的 0.8% 并参考地域的权系数(Factor)来制定。

图 1.33 国内货运基准价格

图 1.34 国际货运基准价格

2. 国内、国际主要航空城市信息如图 1.35 和图 1.36 所示。

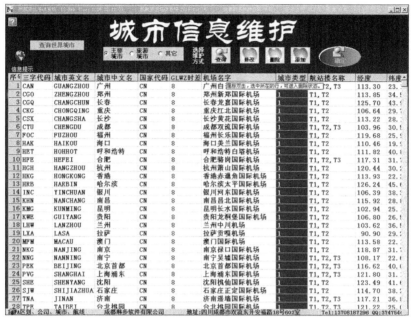

图 1.35　国内城市信息维护

图 1.36　国际城市信息维护

3. 国内、国际主要航空航线信息如图 1.37 和图 1.38 所示。

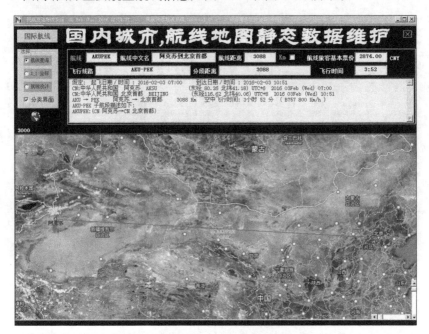

图 1.37 国内城市,航线地图静态数据维护

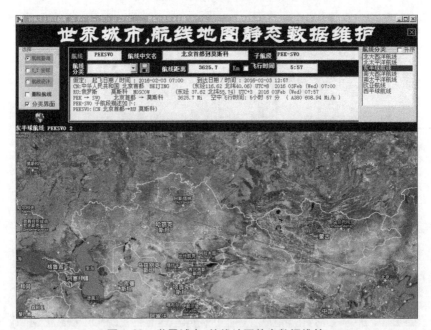

图 1.38 世界城市,航线地图静态数据维护

4. 主要航空货运机型信息可通过如图 1.39 所示的界面查询。

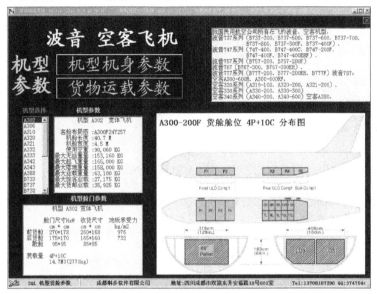

图 1.39 主要航空货运机型信息查询

1.19 教师端操作流程

1.19.1 系统登录

1. 打开"货运培训系统"。

图 1.40 货运培训系统登录界面

2. 输入个人信息进入系统。

图 1.41　系统登录

3. 在"系统管理数据维护"界面点击"用户密码维护"按钮。

图 1.42　"用户密码维护"按钮

4. 进入"用户工作号,密码管理"界面。

图 1.43 "用户工作号,密码管理"界面

5. 用户工作号和密码修改:
(1) 选择部门、小组;
(2) 选定一个工作号,输入学生信息;
(3) 点击"修改"按钮;
(4) 输入学生信息以后点击"确认修改";
(5) 如果遇到不需要的,可点击"删除"。

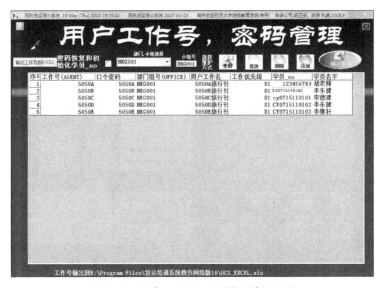

图 1.44 用户工作号,密码管理填写示例

系统不足之处:目前未提供数据导入功能,只能手工输入,工作号可以与密码一致,学号可以只用三位,学生姓名可缺省。

1.19.2 教师端主机数据发放流程

1. 进入"数据库数据维护"界面。

图1.45 "数据库数据维护"界面

2. 在"数据库数据维护"界面点击"货运航班计划表发放"按钮进入"货运航班计划表发放"界面。

图1.46 "货运航班计划表发放"界面

3. 点击"单个公司"按钮进行一周数据快捷发放,并发放指定航班数据。

图 1.47　货运航班计划表发放(示例)

4. 进入"航空货运单生成器",选择"快捷生成"发放航空货运单。

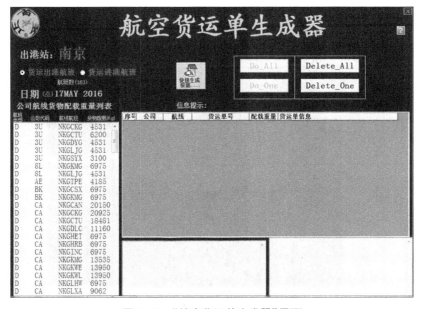

图 1.48　"航空货运单生成器"界面

5. 进入"货运出港试题库试题生成器"。

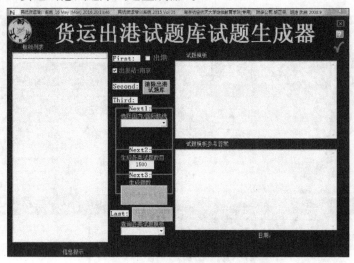

图1.49　货运出港试题库试题生成器

首先选择出港或进港，接着确立国内/国际航班，最后点击生成选择类试题。如需要发放其他数据，则需点击"检查货空运的货物计费重量"按钮，并点击"生成选择类试题"按钮。

1.19.3　学生操作过程及分数查询

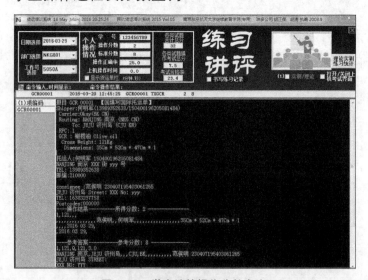

图1.50　学生端的操作分数查询

选择日期、部门、工作号，点击编码项查看学生端，可以看到学生端所做的每一道题的具体步骤，并自动给出相应的分数。

第二章 实训环节的设计与开发

2.1 实训一 熟悉货运培训系统

计划学时:2 课时

2.1.1 实训目的

学会输入个人工作号登录系统;学会查询 IATA 区划、公司、城市、航线、航班表;学会货物运价查询;了解国内/国际运价体系。

2.1.2 实训原理

一、货运培训系统学员系统网络版提供支持多达 150 个学员同时上机操作

具体包括:

1. IATA 区划、公司、城市、航线、航班表,供对航空货运基础知识的查询学习。
2. 机型、货仓参数,供对航空货运中机型、货舱基础知识的查询学习。
3. 标准运价种类、国际汇率,供对航空货运的运价和国际汇率知识的查询学习。
4. 航空货物及海关代码,供对航空货运货物分类及海关商品代码知识的查询学习。
5. 出港收货管理、航空货运流程及托运书、货运单填写,类别货物运价的计算练习。
6. 出港货物航班配载(货运单),供对航空货运出港货物的配舱、配载的练习。
7. 进港货物分单入库,供对航空货运进港货物的分单、下载、核对、入库的练习。

二、航空货物运价

(一) 货物运价的种类

1. 货物运价的制定分为:
(1) 非协议运价;
(2) 协议运价。

2. 非协议运价的组成划分为：

（1）公布直达运价：承运人直接公布的，从运输始发地机场至目的地机场间直达的运价。

（2）比例运价：运价手册上公布的一种不能单独使用的运价附加数，当货物的始发地机场到目的地机场没有公布直达运价时，可采用比例运价与已知的公布直达运价相加构成适用运价。

（3）分段相加运价：当货物的始发地机场至目的地机场既没有公布直达运价，也不能组成比例运价时，可以选择合适的运价相加点，按分段相加的办法组成全程运价。

3. 按国际货物的性质划分：

（1）普通货物运价（GCR）；

（2）指定商品运价（SCR）；

（3）等级货物运价（CCR）；

（4）集装货物运价（ULD）。

4. 运价的使用先后顺序为：

（1）协议运价；

（2）公布直达运价；

（3）非公布直达运价。

（二）运价的特点

（1）承运人公布的运价是始发地机场至目的地机场之间的直达运价。

（2）原则上，运价与运输路线无关，但影响承运人对运输路线的选择。

（3）运价以始发站国家的货币公布。

（4）运价的单位是每千克始发站货币。

（5）运价以货运单填开之日所适用的运价为准。

（三）货物的最低运费

（1）定义：某两点间货物运输按适用运价乘以重量计得的货物航空运费，不得低于某一限额，此限额为航空运费最低收费标准，称为最低运费。

（2）国内运输中，普通货物每份货运单的最低航空运费为人民币30.00元。等级货物最低航空运费按普通货物最低运费的150%计算，即按人民币45.00元收取。

（3）如经民航局和航空公司特别批准，亦可调整某类货物或航线的最低运费。

2.1.3 实训环境

一台具有Windows XP/7/8/10等操作系统的电脑。

2.1.4　实训内容及步骤

1. 登录个人账号。

图 2.1　"货运培训系统"界面

图 2.2　"货运培训系统"登录界面

2. 进入 IATA 区划、公司、城市、航线、航班表,熟悉航空货运基础知识的相关材料。

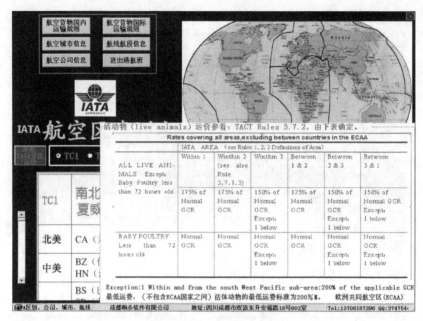

图 2.3　航空区域划分图

3. 进入标准运价种类、国际汇率查询。

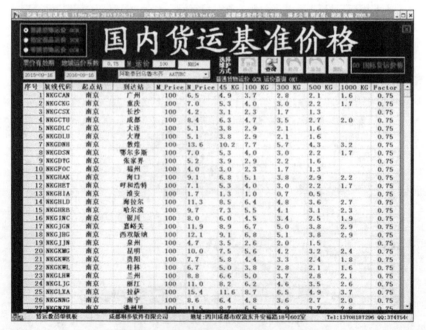

图 2.4　普通货物国内货运基准价格

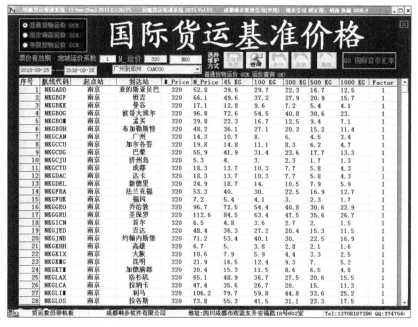

图 2.5 普通货物国际货运基准价格

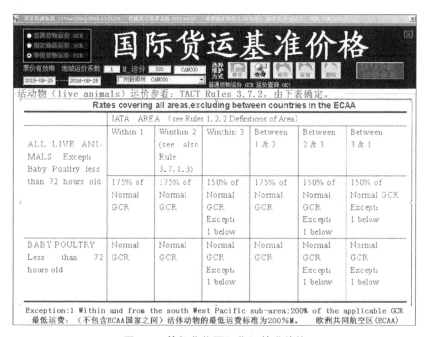

图 2.6 等级货物国际货运基准价格

4. 进入航空货物及海关代码中查询。

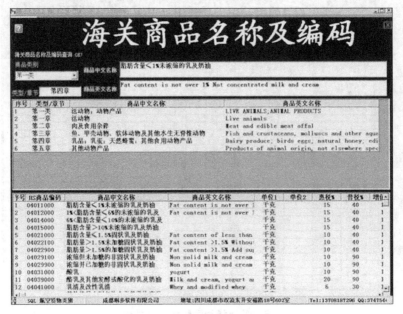

图 2.7　海关商品名称及代码

5. 在出港收货管理中的航空货物运输不正常处理界面中,熟悉民航货物在运输中的不正常定义。

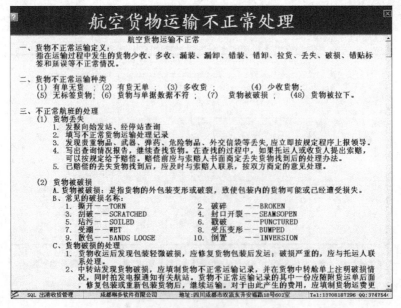

图 2.8　航空货物运输不正常处理

6. 在出港收货管理中的航空货物运输不正常处理界面中,了解民航货物在运输中的基本常用电报格式(SITA)。

图 2.9 民航货运基本电报类型和格式

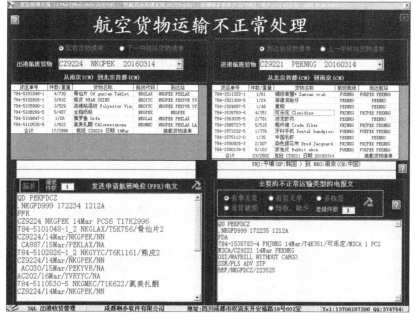

图 2.10 航空货物运输不正常处理操作界面

2.1.5 实训要求

完成个人账户的登录与运价的查询;熟悉航班、货运单、航班进港货物以及货物运行不正常的电报代码及编写格式。

2.1.6 思考题

1. 在 IATA 区划、公司、城市、航线、航班表中的城市信息中,查询重庆、沈阳、芝加哥与费城的三字代码。

2. 根据航空公司信息,查询 CX、ZH、3A 与 DJ 分别对应哪些航空公司。

3. 在标准运价种类、国际汇率的国内货运价格中查询包头-大同的基本信息。

4. 在航空货物及海关代码中查询马肉、兰花、机动车辆与化工产品及其相关产品的商品编号。

5. 在出港收货管理中,查询航空货物不正常处理中货物不正常运输的种类。

2.2 实训二 计算航空运费

计划学时:2 课时

2.2.1 实训目的

掌握航空运费的计算方法及步骤;掌握货运单运费栏目的填写。

2.2.2 实训原理

一、国内货物运输的运费计算

1. 可选择货物类别有 3 种:GCR(普通货物)、CCR(特殊货物)和 SCR(指定商品)。

2. 题目:此货物类别中的具体试题。

3. 根据题目的商品查运价,按货物运价计算规则进行运价计算,填写单据。

4. 此界面适合学员进行大量演练。系统每日提供国内货物运费计算不同范例有 4 500 个。

二、国际货物运输的运费计算

选择直达航班运价与组合航班运价两种运价方式。

1. 可选择货物类别有 3 种:GCR(普通货物)、CCR(特殊货物)和 SCR(指定商品)。

2. 题目:此货物类别中的具体试题。

3. 根据题目的商品查运价,按货物运价计算规则进行运价计算,填写单据。

4. 此界面适合学员进行大量演练。系统每日提供国际货物运费计算不同范例,国际直达航线有 4 500 个,国际组合航线有 4 500 个。

三、航空货物运费计算的七个步骤

1. 计算出航空货物的体积(Volume)及体积重量(Volume Weight)。

体积重量的换算标准为每 6 000 立方厘米折合 1 千克。

2. 计算货物的总重量(Gross Weight)。

总重量 = 单个商品重量 × 商品总数。

3. 比较体积重量与总重量,取大者为计费重量(Chargeable Weight)。

货物的计费重量 = max{体积重量,总重量}。

此时,需要注意的有两点:

① 计费重量除了可能是体积重量或者总重量外,还有可能是某重量分界点的重量。

② 要根据相关规定,正确使用各重量的重量单位。例如,根据国际航协规定,国际普通货物的计费重量以 0.5 千克为最小单位,重量尾数不足 0.5 千克的,按 0.5 千克计算;0.5 千克以上不足 1 千克的,按 1 千克计算。

4. 根据公布运价,找出适合计费重量的适用运价(Applicable Rate)。

① 计费重量小于 45 千克时,适用普通货物运价为 GCR 的 N 运价,N 运价表示重量在 45 千克以下的运价。

② 计费重量大于 45 千克时,适用运价为 GCRQ45、GCRQ100、GCRQ300,即不同重量等级分界点相对应的运价(均用"Q"表示)。

5. 计算航空运费(Weight Charge)。

航空运费 = 计费重量 × 适用运价。

① 如果是普通货物,运价为 GCR;适用运价为 GCR N 或 GCR Q 的运价。

② 如果是指定商品货物,运价为 SCR;适用运价为 SCR 的运价。

③ 如果是特种货物,运价为 CCR;国内货物适用运价为 GCR N × 1.5,即在 N 运价的基础上乘以 1.5,国际货物运价有附加,也有附减。特种货物适用运价与货物计费重量无关。

6. 若采用较高重量分界点的较低运价计算出的运费比第 5 步计算出的航空运费低时,取低者。

7. 比较第 6 步计算出的航空运费与最低运费,取高者。

2.2.3 实训环境

一台具有 Windows XP/7/8/10 等操作系统的电脑。

2.2.4 实训内容及步骤

1. 国内运费计算及货运单填制演练。

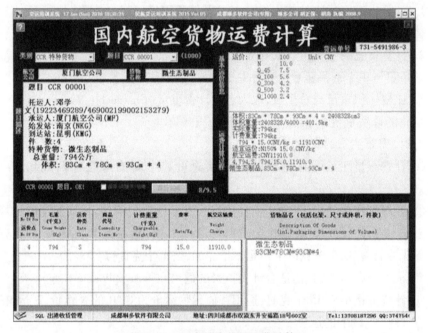

图 2.11 国内航空货物运费计算

2. 国际运费计算及货运单填制演练。

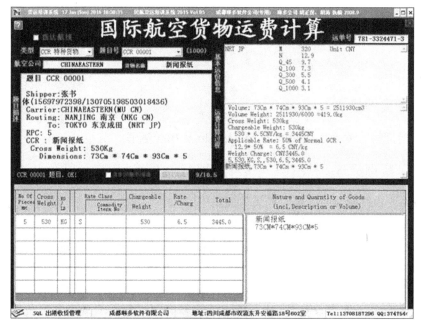

图 2.12 国际航空货物运费计算

2.2.5 实训要求

在教员的指导下,能够熟练计算国内/国际货物的航空运费,并能正确填写货运单中航空运费相应栏目。

2.2.6 思考题

1. 完成国内航空货物运费计算中 GCR 普通货物 GCR00005 的航空运费。
2. 完成国内航空货物运费计算中 SCR 指定商品 SCR00002 的航空运费。
3. 完成国际航空货物运费计算中 CCR 特种货物 CCR00001 的航空运费。

(注意:一定要在品名栏填好后按回车键,出现填写 OK 框之后,点击该框,再按"填写完成"按钮,该题才算完成。)

2.3 实训三 填写国内/国际托运书

计划学时:2课时

2.3.1 实训目的

掌握货物收运流程;熟练填写国内/国际货物托运书。

2.3.2 实训原理

一、国内货物托运书基本内容和填写规范

1. 始发站、目的站:填写货物空运的出发和到达城市名。

2. 托运人及收货人姓名或单位、地址、邮编号码、电话号码:填写个人或者单位的全称、详细地址、邮政编码和电话号码,不能使用简称。保密单位可以填写邮政信箱或者单位代号。

3. 储运注意事项及其他:填写货物特性和储存过程中的注意事项。例如:易碎、防潮、防冻、小心轻放,急件或最迟运达期限,损坏、丢失或死亡自负,货物到达后的提取方式等。

4. 声明价值:填写向承运人声明的货物价值。如托运人不声明价值时,必须填写"NVD"(No Value Declared)或"无"字样。

5. 保险价值:填写通过承运人向保险公司投保的货物价值。如果已经办理了声明价值,可以填写"XXX"或空白。

6. 件数:填写货物的件数。

7. 毛重:在与件数相对应处填写货物的实际重量,总重量填写在下方格内。

8. 运价种类:分别以 M、N、Q、C、S 等代表货物不同的运价。

9. 商品代号:以四位数字或者英文代表指定商品的货物类别。

10. 计费重量:根据货物毛重、体积折算的重量或采用重量分界点运价比较后最终确定的计费重量。

11. 费率:填写适用的运价。

12. 货物品名:

(1) 填写货物的具体名称,不得填写表示货物类别的不确定名称。

(2) 填写货物的外包装类型。

(3) 填写每件货物的尺寸或该批货物的总体积。

13. 托运人或代理人签字:必须由办理托运的托运人签字或盖章,代理人不可代替托运人签字。

14. 托运人或其代理人的有效身份证号码:填写托运人或其代理人的有效身份证件的名称、号码。

15. 经手人:分别由X光机检查员、货物检查员、过磅员、标签填写员签字并打印货运单号码或填写日期,以明确责任。

二、国际货物托运书基本内容和填写规范

1. 始发站(Airport of Departure):填写始发站机场的全称以及国家名称。

2. 到达站(Airport of Destination):填写目的地机场的全称(不知道机场名称时,可以填城市名称),如果某一城市用于一个以上国家时,应加上国名。

3. 路线及到达站(Routing and Destination):填写选择的运输路线以及承运人代号,如果后者不指定则只填写路线也可以。

4. 托运人姓名及地址(Shipper's Name and Address):填写托运人的全称、街名、城市名称、国名,以及便于联系的电话号、电传号或传真号。

5. 托运人账号(Shipper's Account Number):除非承运人需要,此栏可不填写。

6. 收货人姓名及地址(Consignee's Name and Address):填写收货人的全称、街名、城市名称、国名以及电话号、电传号或传真号,本栏内不得填写"Order"或"To order of the shipper"等字样,因为航空货运单不得转让。

7. 收货人账号(Consignee's Account Number):除非承运人需要,此栏可不填写。

8. 另写通知(Also Notify):托运人填写的另一收货通知人,要求详细填写。

9. 托运人声明的价值(Shipper's Declared Value):

供运输用(For Carriage):填写托运人向承运人声明的货物价值,该价值为承运人赔偿的限额,承运人按声明价值的多少收取声明价值附加费;未声明价值的,可填写"NVD"(No Value Declared,没有声明价值)。

供海关用(For Customs):填写托运人向到达站海关申报的货物价值,若无需要则可不填,必要时亦可填写"NCV"(No Commercial Value or No Customs Value,没有商业价值)。

10. 保险金额(Amount of Insurance):如果承运人向托运人提供货物保险服务,此栏可填入货物的实际价值和投保金额。

11. 所附文件(Document to Accompany Air Waybill):填写随附在货运单上运往目的地的文件,应填上所附文件的名称。

12. 件数(No. of Packages):填该批货物的总件数。

13. 实际毛重(Actual Gross Weight(kg)):本栏内的重量由承运人或其代理人在称重后填入。

14. 运价类别(Rate Class):本栏可空着不填,由承运人或其代理人填写,当采用等级运价时要标明百分比。

15. 计费重量(Chargeable Weight):本栏内的计费重量应由承运人或其代理人在量过货物的尺寸,由承运人或其代理人算出计费重量后填入。如托运人已经填上,承运人或其代理人必须进行复核。

16. 费率(Rate/Charge):本栏由承运人或其代理人填写,填写适用的每千克运价。如果是最低运费,也要填写在本栏目内。

17. 货物品名及数量(包括体积或尺寸)(Nature and Quantity of Goods):对于不同种类的货物应详细填写货物的具体品名。包装尺寸应当以厘米为单位,并注意货物最大的长、宽、高尺寸。

18. 运费(Charges):由承运人填写运费或其他费用支付方式(运费预付 Freight Prepaid,运费到付 Freight Collect)。

19. 经手人(Agent):经办人签字。

20. 日期(Date):填写办理托运货物的日期。

2.3.3 实训环境

一台具有 Windows XP/7/8/10 等操作系统的电脑。

2.3.4 实训内容及步骤

国内货物托运书(分直达航线和组合航线)如下:

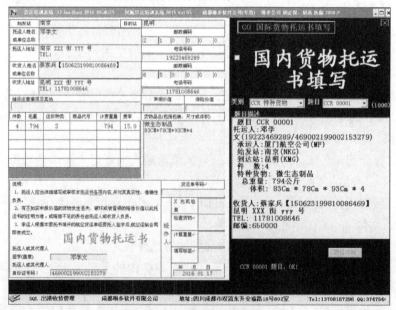

图 2.13 国内货物托运书

国际货物托运书(分直达航线和组合航线)如下:

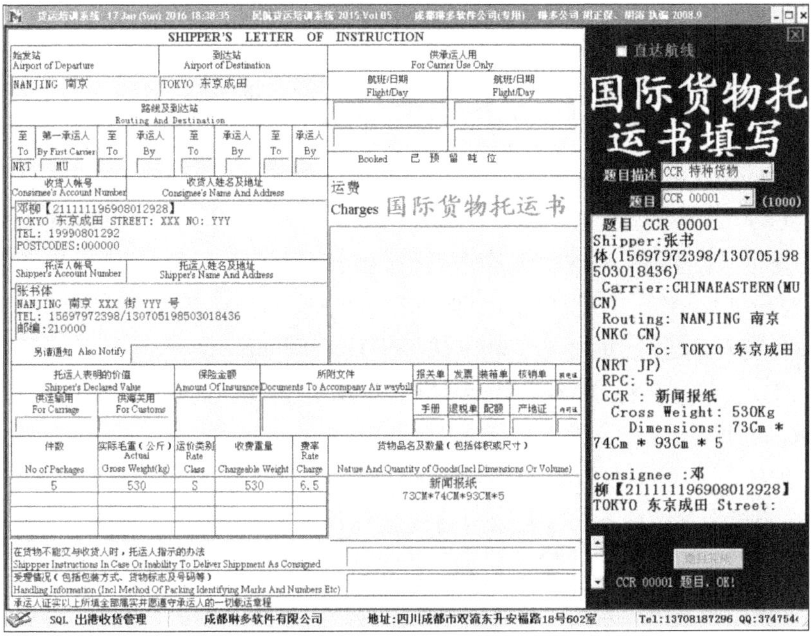

图 2.14　国际货物托运书

2.3.5　实训要求

在教员的指导下,熟练填写国内/国际货物托运书。

2.3.6　思考题

1. 完成国内货物托运书 CCR 特种货物 CCR00008 的填写。
2. 完成国内货物托运书 GCR 普通货物 GCR00004 的填写。
3. 完成国际货物托运书 CCR 特种货物 CCR00009 的填写。

2.4　实训四　填写国内/国际航空货运单

计划学时:2 课时

2.4.1　实训目的

掌握货运单相关项目的填制规范要求;掌握货物声明价值附加费、航空保险费、地面运输费、退运手续费等费用的计收规则。

2.4.2 实训原理

一、国内航空货运单的填制

1. 始发站栏:填写货物始发站机场所在城市的名称,地点应写全称,不得简写或使用代码。

2. 目的站栏:填写货物目的站机场所在城市的名称,地点应写全称,不得简写或使用代码。

3. 托运人姓名栏(地址邮编和电话号码):填写托运人全名,托运人姓名应与其有效身份证件相符;地址、单位名称、邮编和电话号码要清楚准确。

4. 收货人姓名栏(地址邮编和电话号码):填写与其有效身份证件相符的收货人姓名、地址、单位名称、邮编和电话号码,要清楚准确。此栏只能填写一个收货人,要求内容详细。

5. 航线

(1) 到达站栏(第一承运人运达站):填写目的地机场或第一中转站机场的三字代码。

(2) 第一承运人栏:填写自始发站承运货物的承运人两字代码。

(3) 到达站栏(第二承运人运达站):填写目的地机场或第二中转站机场的三字代码。

(4) 第二承运人栏:填写第二承运人的两字代码。

(5) 到达站栏(第三承运人运达站):填写目的地机场或第三中转站机场的三字代码。

(6) 第三承运人栏:填写第三承运人的两字代码。

6. 航班/日期栏(始发航班):填写已订的航班日期。

航班/日期栏(续程航班):填写已订的续程航班日期。

7. 运输声明价值栏:填写托运人向承运人声明的货物价值。托运人未声明价值时,必须填写"无"字样。

8. 运输保险价值栏:托运人通过承运人向保险公司投保的货物价值。已办理声明价值的,此栏不必填写。

9. 储运注意事项及其他栏:填写货物在保管运输中应注意的事项或其他有关事宜,不得填写超出承运人储运条件的内容。

10. 件数/运价点栏:填写货物的件数。如果货物运价种类不同时,应分别填写总件数,填在10A栏中。如运价是分段相加组成时,将运价组成点的城市代码填入本栏。

11. 毛重栏:在与货物件数相对应的同一行处,填写货物毛重。

12. 运价种类栏:可用下列代号填写所采用的运价类别。

M—最低运费;

N—45 千克以下普通货物基础运价;

Q—45 千克以上普通货物运价;

C—指定商品运价;

S—等级运价。

13. 商品代号栏:如果填入指定商品运价代号"C",则填写指定商品的具体数字代号;如果填入等级货物运价代号"S",则填写普通货物运价的百分比代号。

14. 计费重量栏:如果按体积计得的重量大于实际毛重,应将体积计费重量填入本栏。采用较低的运价和较高的计费重量分界点所得的运费低于采用较高的运价和较低的计费重量分界点的运费,则可将较高的计费分界点重量填入本栏。

15. 费率栏:填写货物起止点之间适用的每千克运价。

16. 航空运费栏:填写根据费率和计费重量计算出的货物航空运费额。

17. 货物品名栏:填写货物的外包装、尺寸、件数等信息。

18. 付款方式栏:填写托运人支付各项费用的方式。

19. 其他费用栏:填写除航空运费、声明价值附加费和地面运费以外的根据规定收取的其他费用。

二、国际航空货运单的填制

1. 货运单号码(Air Waybill Number):货运单号码应当清晰地印在货运单的左右上角以及右下角。

2. 始发站机场(Airport of Departure):填写始发站机场的 IATA 三字代号。

3. 货运单所属航空公司名称及总部所在地址栏(Issuing Carrier's Name and Address):此处印有航空公司的标志、名称和地址。

4. 正本联说明(Reference to Original):说明正本 1、2、3 具有相同的法律效应。

5. 契约条件(Reference to Conditions of Contract):本栏用于填写其他相关的契约,一般情况下不填写。

6. 托运人(Shipper)

(1) 托运人姓名和地址栏(Shipper's Name and Address):此栏填写托运人姓名(名称)、详细地址、国家(或国家两字代号)以及托运人的电话、传真电话。

(2) 托运人账号栏(Shipper's Account Number):此栏不需填写,除非承运人另有要求。

7. 收货人(Consignee)

(1) 收货人姓名地址栏(Consignee's Name and Address):填写收货人姓名(名称)、详细地址、国家(或国家两字代号)以及托运人的电话、传真电话。

(2) 收货人账号栏(Consignee's Account Number):此栏仅供承运人使用,一般不需填写,除非最后的承运人另有要求。

8. 出票航空公司货运代理人名称和城市栏(Issuing Carrier's Agent Name and City):此栏填写向出票航空公司收取佣金的国际航协代理人的名称和所在机场或城市。

9. 始发站机场和要求的运输路线栏(Airport of Departure and Requested Routing):此栏填写运输始发站机场或所在城市的全称,以及所要求的运输路线。

10. 运输路线和目的站栏(Routing and Destination)

(1) 到达站栏(第一承运人运达站):填写目的地机场或第一中转站机场的三字代码。

(2) 第一承运人栏:填写自始发站承运货物的承运人两字代码。

(3) 到达站栏(第二承运人运达站):填写目的地机场或第二中转站机场的三字代码。

(4) 第二承运人栏:填写第二承运人的两字代码。

(5) 到达站栏(第三承运人运达站):填写目的地机场或第三中转站机场的三字代码。

(6) 第三承运人栏:填写第三承运人的两字代码。

11. 货币栏(Currency):填写运输始发地运价资料所公布的货币代号。

12. 运费代号栏(CHGS Code):

CA—部分费用信用证到付,部分费用现金预付;

CB—部分费用信用证到付,部分费用信用证预付;

CC—所有费用到付;

CG—所有费用到付,用政府提单支付;

CP—目的地现金支付;

CX—目的地信用证到付。

13. 运输声明价值栏(Declared Value for Carriage):填写托运人关于货物运输声明价值的金额。

14. 运输处理注意事项栏(Handling Information):填写货物在运输过程中需要注意的有关事宜。

15. 毛重栏(Gross Weight):填写货物实际毛重(以千克为单位时可保留至小数点最后一位)。

16. 运价等级栏(Rate Class):

M—最低运费;

N—45千克(100磅)以下的普通货物运价;

Q——45千克(100磅)以上的普通货物运价;

C——指定商品运价;

R——等级附减运价;

S——等级附加运价;

U——集装设备的最低重量及其适用的最低运费;

E——超过集装设备最低重量及其适用的运价。

17. 计费重量栏(Chargeable Weight):填写计算货物运费适用的计费重量。

18. 其他费用栏(Other/Charges):填写除航空运费和声明价值附加费以外的其他费用。

19. 航空运费栏(Weight Charge):填写计算所得的航空运费总数。

20. 声明价值费栏(Valuation Charge):当托运人声明货物运输价值时,此栏填入声明价值附加费金额。

2.4.3 实训环境

一台具有Windows XP/7/8/10等操作系统的电脑。

2.4.4 实训内容及步骤

国内货物货运单(分直达航线和组合航线)如下:

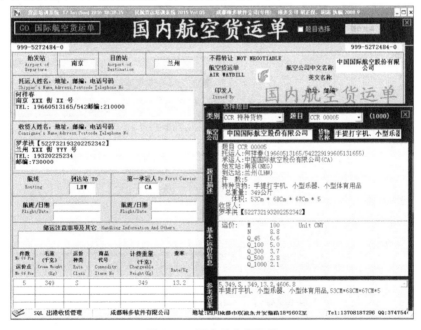

图2.15 国内航空货运单

国际货物货运单(分直达航线和组合航线)如下:

图 2.16　国际航空货运单(直达航线)

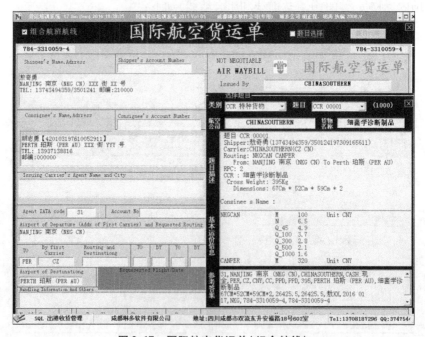

图 2.17　国际航空货运单(组合航线)

2.4.5　实训要求

在教员的指导下,熟练填写航空货运单。

2.4.6　思考题

1. 完成国内航空货运单 CCR 特种货物 CCR00008 的填写。
2. 完成国内航空货运单 GCR 普通货物 GCR00005 的填写。
3. 完成国际航空货运单 CCR 特种货物 CCR00004 的填写。

2.5　实训五　分单入库

计划学时:2 课时

2.5.1　实训目的

1. 了解国内(际)货物到达与交付流程。
2. 掌握货物的接收程序及注意事项。
3. 掌握货物的交付和提取程序及注意事项。

2.5.2　实训原理

一、到达货物的接收

1. 接业务袋

目的站工作人员必须掌握当日航班动态信息,依据所接收的航班信息,认真做好记录,及时接取业务袋,并根据飞机配载平衡图表填制卸机单。

2. 监卸

(1) 承运人对承运的货物应当精心组织装卸作业,轻拿轻放,严格按照货物包装上的储运指示标志作业,防止货物损坏。承运人应当按装机单、卸机单准确装卸货物,保证飞行安全。

(2) 承运人应当建立健全监装、监卸制度。货物装卸应当有专职监卸人员对作业现场实施监督检查。

(3) 如果在运输过程中发现货物包装破损无法续运时,承运人应当做好运输记录,通知托运人或收货人,征求处理意见。

(4) 托运人托运的特种货物、超限货物,承运人装卸有困难时,可请托运人或收运人提供必要的装卸设备和人力。

二、分拣

1. 货运单的分拣。

2. 货物的分拣(注:最迟不超过 12 小时,飞机到达的 2 小时内必须根据货邮舱单和航空货运单将货物分拣完毕,最迟不超过 4 小时)。

3. 仓储。

三、货物仓储的一般规定

1. 货物的仓储主要包括货物出入仓的交接、登记装载、储存、清仓等环节。

2. 应根据货物自身的性质和运输量分别建立相应的货物仓库,如普通货物、贵重物品、危险物品等货物仓库。对于贵重物品和危险物品仓库,应当指定专人负责出入库的管理、核对、销号。

3. 应当建立健全保管制度,严格交接手续,库内货物应当合理码放、定期清仓,并要做好防火、防盗、防鼠、防水、防冻、防爆等工作,保证进出库货物准确完整。

4. 有条件的承运人还可以对小件货物和急件货物分别建立仓库,以做好配运工作。

5. 仓库的管理必须明确责任,划分区域,专人专管,每日进行核对、清点、检查和进行登记工作。若发现未交接的货运单和货物,必须当日查清,及时处理。

6. 仓库管理质量的好坏会直接影响货物运输的下一程序,因此必须重视仓储的管理工作,提供一个高效率的工作环境。

2.5.3　实训环境

一台具有 Windows XP/7/8/10 等操作系统的电脑。

2.5.4　实训内容及步骤

熟练掌握货物到达与交付的流程。

货物到达后的流程图如下:

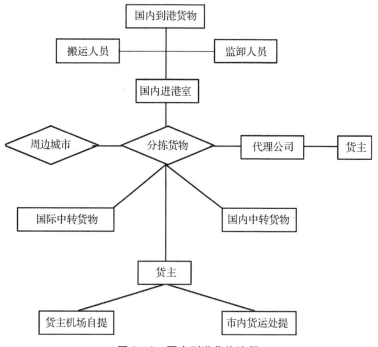

图 2.18　国内到港货物流程

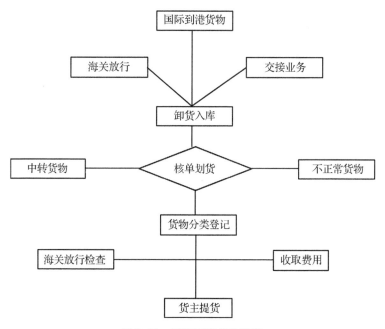

图 2.19　国际到港货物流程

“进港货物分单入库”界面如下：

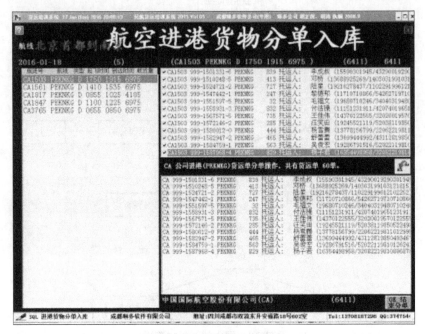

图 2.20　进港货物分单入库

飞机进港、分单，货物卸载、入库的交接舱单如下：

MU2736 781-3359664-0 PUSNKG 533 Shipper: 朱春华 (18480305681/51332219780
MU2736 781-3360348-5 PUSNKG 820 Shipper: 李晓兰 (11380617731/14030119580
MU2736 781-3363393-5 PUSNKG 367 Shipper: 李利芳 (15360719911/43282419460
MU2736 781-3376119-5 PUSNKG 263 Shipper: 易惠 (13713986955/6531221956070
MU2736 781-3387187-6 PUSNKG 714 Shipper: 张德成 (16991209494/23082819891
MU2736 781-3399449-4 PUSNKG 577 Shipper: 方洪梅 (12410814817/22000019410
MU2736 781-3399643-2 PUSNKG 684 Shipper: 李清兰 (14140907399/44072219940

货运单号	件数	重量(Kg)	货物名称	始发站	到达站
781-3359664-0	1	533	全自动转杯纺纱机	PUS	NKG
781-3360348-5	2	820	纤制针织长裤、马裤、短裤零件	PUS	NKG
781-3363393-5	2	367	印花人纤短纤级纹或斜纹机织物	PUS	NKG
781-3376119-5	2	263	棉混纺的染色人纤短纤府绸或细	PUS	NKG
781-3387187-6	1	714	淀粉为基料的纺织等工业用制剂	PUS	NKG
781-3399449-4	5	577	键盘管风琴、簧风琴及类似乐器	PUS	NKG
781-3399643-2	3	684	车辆后视镜	PUS	NKG
合　计	16	3958	航班号:MU2736	2016-02-03	入库交接舱单

图 2.21　入库交接舱单

2.5.5　实训要求

在教员的指导下，能够熟练填写到达货物交接清单。

2.5.6　思考题

1. 完成航空货物进港分单货物流程中航线为北京—南京的所有货物入库。

2. 完成航空货物进港分单货物流程中航线为广州—南京的所有货物入库。

2.6 实训六 航班配载

计划学时:2 课时

2.6.1 实训目的

1. 了解配载的一般规定。
2. 了解航空货物运输中涉及的与重量相关的概念。
3. 掌握接收飞机最大业载的三个公式及实际操作。

2.6.2 实训原理

一、货物配载一般规定

1. 注意按货物的发运顺序、运输路线和分批发运的规定办理。急件货物或运输有时限的货物,应按照货运单上指定的日期或航班运送货物;每批 5 千克以下的小件货物可以酌情提前配运。
2. 建立舱位控制制度,合理配载,避免舱位浪费或者货物积压。
3. 按照合理和经济的原则选择运输路线,避免货物的迂回运输。
4. 托运人或收货人查询货物的运输情况时,应给予及时答复。
5. 配运联程货物时,要考虑联程中转站的转运能力。
6. 注意同一舱位的各种货物性质有无抵触。
7. 重量大、体积小的货物要与轻泡货物搭配装载,尽量利用货舱载量和舱位。
8. 对于货机的配载,应当选择客机不便于装卸或不能载运的超重、超大货物。
9. 一般应当利用远程吨位配运远程货物。只有在没有远程货物的情况下,远程吨位才可配运近程货物。近程吨位不可配运远程货物。
10. 配载的重量不能超过限额,同时选择好在最后结算载运时需要增加或拉卸的货物。

二、相关概念

1. 最大起飞重量

Maximum Takeoff Weight,简称 MTOW,指飞机滑跑到抬前轮速度时,全部重量的最大限额。这是由飞机结构强度与发动机功率决定的,是飞机生产厂家在标准条件下测得。每次起飞时要根据实际情况进行修正,得到的才是在配载平衡中可以使用的最大起飞重量。

2. 实际起飞重量

Takeoff Weight,简称 TOW,包括飞机修正后的基本重量、起飞油量与业载。任何情况下,飞机实际起飞重量不得大于飞机最大起飞重量。

3. 最大滑行重量

Maximum Taxi Weight,简称 MTW,指飞机开始滑行前全部重量的最大限额,比最大起飞重量增加了滑行所需的油量。

4. 最大着陆重量

Maximum Landing Weight,简称 MLW,是飞机着陆时全部重量的最大限额,由飞机起落架强度和机体强度决定。

5. 实际着陆重量

Landing Weight,简称 LDW,包括飞机修正后的基本重量、业载和备油。实际着陆重量不能超过最大着陆重量。

6. 最大无油重量

Maximum Zero Fuel Weight,简称 MZFW,指除燃油以外的所允许的最大飞机基本重量和业载,由飞机机翼强度决定。

7. 实际无油重量

Zero Fuel Weight,简称 ZFW,包括修正后的飞机基本重量和实际业载。飞机实际无油重量不得超过最大无油重量。

8. 基本重量

Basic Weight,简称 BW,也称为使用空载,指除了燃油和业载以外的飞机重量,包括空机重量、机组及携带物品重量、服务设备、物品重量及其他。

9. 修正后的基本重量

Dry Operating Weight,简称 DOW,是指每次根据实际任务不同,对基本重量进行修正,修正后的基本重量才是计算业载可用的。

10. 操作重量

Operating Weight,指飞机修正后的基本重量和起飞油量。

11. 起飞燃油

Takeoff Fuel,简称 TOF,指飞机滑跑到抬前轮速度时,飞机油箱内可供使用的全部燃油重量,包括耗油与备油。

(1) 航段耗油 Trip Fuel,简称 TFW,指起飞站到降落站所需油量。

(2) 备油 Reserve Fuel,简称 RFW,指从降落机场到备降机场,再加上在机场上空盘旋 45 分钟所需油量。

三、飞机最大业载相关公式

最大业载 = 最大起飞重量 – 修正后的基本重量 – 起飞油量

最大业载 = 最大着陆重量 – 修正后的基本重量 – 备油

最大业载 = 最大无油重量 – 修正后的基本重量

取三个公式中计算出来最小的那个,为本次飞行的最大业载。

2.6.3 实训环境

一台具有 Windows XP/7/8/10 等操作系统的电脑。

2.6.4 实训内容及步骤

"航空货物出港货物配载/拉下"界面如下:

图 2.22 "航空货物出港货物配载/拉下"界面

图 2.23 "航空货物出港货物配载"之后的界面

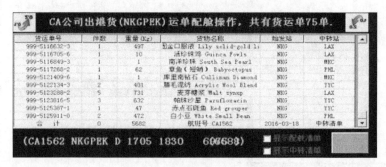

图 2.24 "配舱清单"界面

2.6.5 实训要求

在教员的指导下,根据货运单号进行货物配载。

2.6.6 思考题

1. 完成航线南京—北京任意 2 个航空货运出港货物配载/拉下的操作流程。
2. 完成航线南京—广州任意 2 个航空货运出港货物配载/拉下的操作流程。

2.7 实训七 填写航空货物进/出口海关单

计划学时:2 课时

2.7.1 实训目的

1. 掌握进/出口报关操作流程及注意事项。
2. 掌握进/出口报关单的填写要求。

2.7.2 实训原理

一、货物报关操作流程

1. 现场操作员向单证操作员提供正确的运单号、件数、重量。
2. 单证操作员向报关员提供正确的运单号、航班号、件数、重量、航班截载时间。
3. 报关员报关完毕后告知单证操作员。
4. 现场操作员将盖有海关和商检放行章的运单交予航司后告知单证操作员。
5. 单证操作员与航司确定仓位。
6. 单证操作员主动向客户通报货物航班信息,给客户以负责任的形象。
7. 海关查验:报关员向现场操作员提供报关单草单、装箱单、发票,现场操作员到海关监管科询问查验要求并及时与报关员沟通来完成查验。

二、填写要求

1. 单证要求:单单相符

合同、发票、装箱单中的成交方式(C&F、CIF、EXW 等)、结汇方式(T/T、L/C、D/P、D/A等)、品名、数量、金额、目的地等要对应一致。如若不是均装,需提供详细的装箱单发票,装箱单要盖鲜公章;报关委托书上下盖鲜公章,上盖法人章,下填经办人签名;核销单盖鲜公章,附上组织机构代码。

2. 出口报关操作要点

(1) 现场操作员向单证操作员提供正确的运单号、件数、重量。
(2) 单证操作员向报关员提供正确的运单号、航班号、件数、重量、航班截载时间。
(3) 报关员报关完毕后告知单证操作员。
(4) 现场操作员将盖有海关和商检放行章的运单交予航司后告知单证操作员。

(5) 单证操作员与航司确定仓位。

(6) 单证操作员主动向客户通报货物航班信息,给客户以负责任的形象。

(7) 海关查验:报关员向现场操作员提供报关货运单、装箱单、发票,现场操作员到海关监管科询问查验要求并及时与报关员沟通来完成查验。

2.7.3 实训环境

一台具有 Windows XP/7/8/10 等操作系统的电脑。

2.7.4 实训内容及步骤

以下界面的运行是在空运货物航班配载(货运单)中对出口货物的海关报关单的模拟填写。

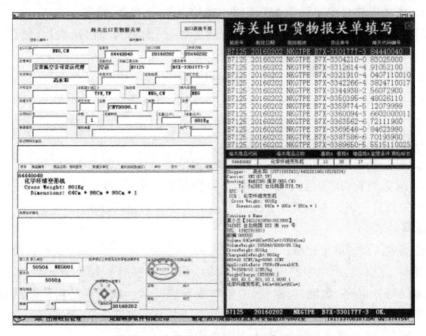

图 2.25 海关出口货物报关单填写界面

以下界面的运行是在进港货物分单入库中对进口货物的海关报关单的模拟填写。

图 2.26　海关进口货物报关单填写界面

2.7.5　实训要求

在教员的指导下,能够熟练填写进/出口报关单。

2.7.6　思考题

1. 完成当日所发放数据的任意一份海关进口货物报关单的填写。
2. 完成当日所发放数据的任意一份海关出口货物报关单的填写。

2.8　实训八　上机考试系统

计划学时:2 课时

2.8.1　实训目的

考查学员对于民航货物运输各项业务的熟悉程度以及实际操作能力。

2.8.2　实训原理

通过对货运培训系统、运价规则、国际与国内托运书的填写、国际与国内航空货运单的填写、入库、配载、报关等理论与实践的考核,了解学员对民航货物运输业务的掌握情况。

2.8.3 实训环境

一台具有 Windows XP/7/8/10 等操作系统的电脑。

2.8.4 实训内容及步骤

1. 教员设置考试题型,确定考试时间。
2. 系统自动为每位同学匹配相应题目。
3. 学生上机答题。

2.8.5 试卷分析

1. 教员查询每位学员的操作情况。
2. 教员将成绩表导出并提交。
3. 教员进行试卷分析,或进行练习讲评。

第三章 考试系统的操作流程

1. 点击系统数据管理维护按钮进入系统。

图 3.1 货运培训系统界面

2. 进行数据删除，以便发放当日数据。

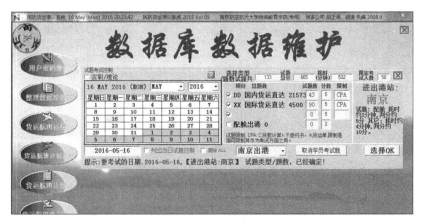

图 3.2 数据库数据维护界面

3. 在"清除 ALL"处打钩,然后点击选择"OK"按钮,数据发放后回到主页面。

图 3.3　数据库数据维护主页面

4. 点击"货运航班计划发放"按钮进入界面。

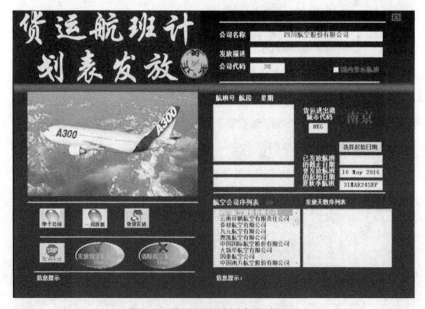

图 3.4　货运航班计划表发放界面

5. 点击"单个公司"按钮,然后选取一周数据,进行快捷发放,最后点击"确定"。这样,货运航班计划表就发放好了。

图 3.5　货运航班计划表发放界面(实际操作)

6. 然后返回主页面,点击"货运航班货运单生成下载"按钮进入界面。

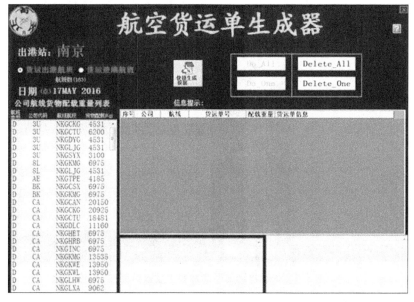

图 3.6　航空货运单生成器界面

7. 点击"快捷生成",再返回主页面,点击"生成试题库"。

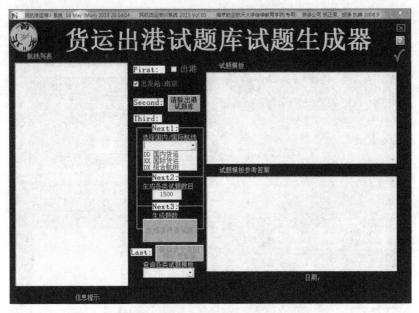

图 3.7 货运出港试题库试题生成器界面(一)

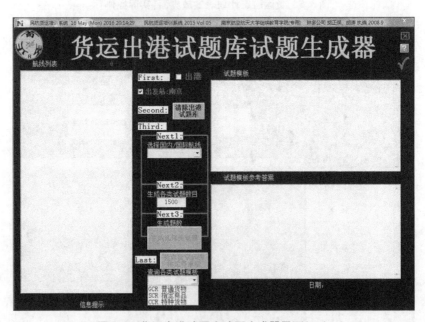

图 3.8 货运出港试题库试题生成器界面(二)

8. 依次选取国内货运、国际货运和组合航班进行数据发放(注:发放过程中,如遇到上图所示,则点击检查空运的货物计费重量即可继续发放)。

9. 数据全部发放完成后,进入数据库数据维护界面。

10. 选取考试日期,选择题目类型,并在其后选择所需要的试题数与分数,然后点击选择"OK"即可(注:如需要查看所发放的题目类型,则可点击列出的当日试题控制按钮进行查看)。

11. 在考试完毕学生端交卷后,即可查询,可查看学生每题所做的步骤,并根据答案自动生成学生得分。

图 3.9　学员练习讲评考试查询按钮

图 3.10　练习讲评界面

第四章 教师端操作常见问题分析

1. 打开民航地面服务培训系统之货运培训系统后,进不去怎么办?

点击椭圆的标题栏,就会出现用户名、小组名、学号、学院姓名、密码,输入相对应的信息,然后就可以进入系统。

2. 输入自己的信息以后,为什么还是进不去?

所有输入信息不能存在空格,输入学号的字母必须大写,否则登录失败。

3. 系统出现闪退时怎么办?

重新登录,并输入自己的个人账号。另一个方法就是在货物品名后输入回车键。

4. 在哪查询航空公司的两字代码?

点击 IATA 区域、公司、城市、航线、航班表格框,找到航空公司信息,点击"进入"查询。

5. 在哪查询国际航空公司的代码?

点击 IATA 区域、公司、城市、航线、航班表格框,找到航空公司信息,点击进入,在左上角有查询国际航空公司按钮,点击就会出现国际航空公司的信息。

6. 如果找不到某地方到某地方的地域运价系数与 M 运价怎么办?

点击标准运价种类、国际汇率,进入,点击 GO 国内货运价格,查找到地域运价与 M 运价。

7. 在国内运输 CCR 特种货物 CCR001 题目中,费率 17.3CNY/kg 是怎么得到的?

在特种货物运价计算中,直接用计费重量 N×150% 就得到了航空运费。

8. 特种货物运价种类填什么?

可以直接看题目,CCR 特种货物,所有的特种货物全部写 S。

9. 在 GCR 普通货物题目 GCR00002 题目中,为什么计费重量是 1 000 kg,而不是 839 kg?

通常来说,实际重量与体积重量比较,大的那个就有可能是计费重量,计费重量也有可能等于重量分界点的重量。如在此题中,总重量是 839 kg,Q500 以上,它的费率是 3.1,计算出它的航空运费是 2 600.9CNY,如果按照 Q1 000 算,它的费率是 2.3,计算出航空运费是 2 300CNY,这时我们要根据航空运费从低原则,我们选择 Q1 000 的费率 2.3,所以它的航空运费是 2 300CNY,计费重量是 1 000 kg。

10. 打开出港收货管理,进入航空货物进出口海关单填写总是闪退,怎么办?

退出,然后重新登录。

11. 在 SCR 指定商品的题目中,SQ 是什么意思?

这是指定商品的费率。

12. 指定商品运价种类填什么?

可以直接看题目,SCR 为指定商品,商品运价种类只可能是 C 或者 M。

13. 普通货物的运价种类填什么?

可以直接看题目,GCR 为普通货物,商品运价种类只可能是 N、Q 或者 M。

14. 在填写国内或者国际货物托运书时,如果有不会填的事项怎么办?

写题目中有的内容,没有的则不写,如:声明价值和保险价值没有的话,就不填。

15. 进入航空城市信息、航空公司信息中,为什么点击查询查不了呢?

目前系统未提供查询功能,所以只能人工一个一个查找。

16. 在系统货币汇率维护中,转换成 USD 货币是什么意思?转换成 CNY 货币是什么意思?

USD 是美元,CNY 是人民币。

17. 国内航空货物运费计算中 M、N、Q 是什么意思?

M 表示最低运费,N 表示 45 kg 以下普通货物运价,Q 表示 45 kg 以上普通货物运价。

18. 在国际航空货运单中,Agent IATA code 填什么?

31。

19. 货物不正常运输的种类在哪里?

找到出港收货管理,进入航空货物运输不正常处理中,打开第二条就是货物不正常运输种类。

20. 为什么运价是整数,运费是保留小数点后一位?

系统中出现了错误。在国内运输中,运价是取小数点后一位,运费是取整数部分,小数部分四舍五入。

21. 在国际航空货物运费计算,CCR 特种货物 CCR00020 中,为什么计费重量×费率不等于航空运费?

如果航空运费小于 M 最低运费,取 M 最低运费的 150% 为航空运费的价格。

22. 在国际航空货物运费计算,GCR 普通货物 GCR0008 中,为什么 Total 小于 M 最低运费?

属于系统错误,Total 不可能小于 M 的最低运费。

23．学生端可以随意改机型吗？

目前,该修改功能并没有对学员机屏蔽。

24．国内/国际航空货运单的题目信息不全怎么办？

该系统功能有待进一步完善。

25．为什么在托运单信息栏按回车键没有用？

必须写满了才能到下一行,只能复制粘贴。

26．打开海关进口货物报关单填写时,双击航班信息为什么总是闪退？

系统不稳定导致。

27．在航空货物航班配载页面中,随便点击一个航班信息,货物为什么不能进行单个配载？

必须全部选中。

28．在航空货物航班配载页面中,第一个货物配载完以后,为什么无法进行下个航班货物的配载？

第一个货物配载完以后,关掉当前页面,然后才能进行下个航班货物的配载。

29．考试系统的国内货物托运书填写中为什么没有显示开始答题按钮？

系统出现问题,等待下次更新。

30．托运书完成填写后点击"交卷",为什么有的时候会闪退？

输入货物品名以及规格后应按回车键,否则会出现上述情况。

第四部分

专用术语中英文对照表

该部分精选了从事民航货物运输人员需要掌握的专业术语,以中英文对照表的形式展示给读者,并且标注出其在文献中出现时的所在页码。

特殊说明如下：

1. 作者一一列出了在不同参考文献中出现的相同词条。

2. 作者一一列出了同一词条在同一参考文献中先后出现时的页码。

3. 由于语境的不同，同一词条在同一参考文献中同一页码出现时，会造成代表的含义不同，请读者自行加以区分。

专用术语中英文对照表

序号	英文	缩写/代码	中文	页码
1	1st ALTERNATE DIVERSION SUMMARY		第一备降机场备降摘要	140[2]
2	1/2 AVAILABLE		1/2 空间可利用	117[1]
3	1/4 AVAILABLE		1/4 空间可利用	117[1]
4	3/4 AVAILABLE		3/4 空间可利用	117[1]
5	4 Days Maintenance Rule		4 天维护规则	4[2]
6	A/C Reg		飞机注册编号	91[1]
7	Acceptance for Carriage		收运	18[3]
8	Acceptance Probability		接受概率	68[2]
9	Accounting Information		结算注意事项	52[3]
10	Acetone		丙酮	73[4]
11	Acetyl bromide		乙酰溴	49[4]
12	Acetyl chloride		乙酰氯	50[4]
13	Acetyl iodide		乙酰碘	80[4]
14	Acetylene		乙炔	170[4]
15	acidic		酸性的	74[4]
16	Activity		活度	136[4]
17	Actual Gross Weight		实际毛重	59[3]
18	+ / -		变更项目的加和减	94[1]
19	Additional Handling Information		额外的处理信息	86[4]
20	Add-on Amount		运价附加数	138[3]
21	Address		地址	90[1]
22	Advice of Discrepancy	FAD	差错通知电报	247[3]
23	Africa sub-area		非洲次区	16[3]

［1］ 参见《飞机载重平衡》，万青，中国民航出版社

［2］ 参见《航空公司生产组织与计划》，孙宏等，西安交通大学出版社

［3］ 参见《民航货物运输》，陈文玲，中国民航出版社

［4］ 参见《民航危险品货物运输》，马丽珠，中国民航出版社

续表

序号	英文	缩写/代码	中文	页码
24	Agent		经手人	84[3]
25	Agent's IATA Code		国际航协代号	90[3]
26	Agreement Rate		协议运价	61[3]
27	Air Transport Association of America	ATA	美国航空运输协会	15[2]
28	Air Transportation		空运	26[3]
29	Air Waybill	AWB	航空货运单	48[3]
30	Air Waybill Number		货运单号码	187[3]
31	Air Waybill Number		货运单号码	84[4]
32	Aircraft Availability Constraints		可用飞机数约束	40[2]
33	Aircraft Limitations		飞机的限制	84[4]
34	AIRCRAFT ON GROUND	AOG	航材运输	205[3]
35	AIRCRAFT PALLET AND NET		飞机集装板和网罩	80[1]
36	AIRCRAFT PALLET, NET AND NON-STRUCTURAL IGLOO		飞机集装板、网罩和无结构拱形盖板	80[1]
37	Aircraft Registration		飞机注册号	187[3]
38	Aircraft Registration		航空器注册编号	96[4]
39	Airline Code Number		航空公司的IATA数字代号	88[3]
40	Airline Fleet Assignment	AFA	航班机型分配	14[2]
41	Airlines		航空公司	26[3]
42	Airline Flight Manifest	FFM	航空公司舱单电报	247[3]
43	AIRMILES		空中距离	141[2]
44	Airport of Departure		始发站	79[3]
45	Airport of Departure		始发站;始发站机场	84[4]
46	Airport of Departure		始发站机场	52[3]
47	Airport of Departure		始发站机场	88[3]
48	Airport of Destination		到达站	79[3]
49	Airport of Destination		目的地机场;到达站	84[4]
50	AIRWAY BILL NUMBER		货运单号码	167[3]
51	Airworthiness Directive	AD	适航指令	4[2]
52	All Packed in One		不同项目的危险品装入同一个外包装	85[4]

续表

序号	英文	缩写/代码	中文	页码
53	ALL perishable cargoes other than flowers, meat and fish/seafood as individual handing codes are designated for such codes.	PER	除去有商品代号的所有易腐性物品	128[1]
54	ALL WEIGHTS IN KG		以千克为重量单位	99[1]
55	ALL WEIGHTS IN KILOS		以千克为重量单位	139[2]
56	All-cargo Aircraft		全货机	18[3]
57	ALLOWED TRAFFIC LOAD		飞机的最大业载	44[1]
58	ALLOWED TRAFFIC LOAD		飞机的最大业载	92[1]
59	ALLOWED WEIGHT FOR TAKE-OFF		允许起飞重量	92[1]
60	Also Notify		另请通知	80[3]
61	Amount of Insurance		运输保险价值	52[3]
62	An item loaded on one or more pallets that overhang positions other than those on which it is loaded	OHG	装载在倒悬位置的物品	128[1]
63	An item loaded on two or more pallets or which, due to its size or weight, requires special handing equipment for loading and off-loading	BIG	超长大件物品	128[1]
64	Any similar documents		任何类似文件	138[4]
65	Appl. GCR		使用与货物重量相适应的普通货物运价	117[3]
66	APPROVED		机长签名	99[1]
67	Approved by		机长签字	94[1]
68	ARR ATIS		着陆机场通播	141[2]
69	Arrival FLT/Date		到达航班/日期	182[3]
70	Articles		制品	140[4]
71	Articles Manufactured from Depleted Uranium		贫化铀制品	140[4]
72	Articles Manufactured from Natural Thorium		天然钍制品	140[4]
73	articles manufactured from natural uranium		天然铀制品	140[4]
74	as a percentage of Normal GCR		按45kg(或100磅)以下的普通货物运价附加某个百分比使用	117[3]
75	At(Place)		填开地点	52[3]
76	Authorizations		授权;授权书	85[4]
77	Automobile Transport Equipment		汽车运输设备	242[3]

续表

序号	英文	缩写/代码	中文	页码
78	Auxiliary Power Unit	APU	辅助动力装置	19[2]
79	Destination Airport		目的地机场	167[3]
80	Space Allocation Answer	FFA	舱位答复电报	247[3]
81	Space Allocation Request	FFR	舱位申请	247[3]
82	Baggage		行李	117[1]
83	Baggage Shipped As Cargo		作为货物运输的行李运价	127[3]
84	Baggage Transfer		转港行李	117[1]
85	Balance		根据要求填写飞机平衡状态	94[1]
86	Balance and Seating Conditions		平衡和占座情况	99[1]
87	Balance Check		平衡检	4[2]
88	Balance Constraints		机组基地平衡限制	96[2]
89	Ballast hold loaded	BAL	压舱物	128[1]
90	Basic Weight	BW	飞机基本重量	43[1]
91	BASIC WEIGHT		飞机基本重量	91[1]
92	Benzene		苯	172[4]
93	Benzonitrile		氰苯	73[4]
94	Beryllium nitrate		硝酸铍	81[4]
95	Bidline		举牌制度	95[2]
96	Biological Substance, Category B		B项生物物质	89[4]
97	Block in Time		上轮挡时刻	28[2]
98	Block Out Time		撤轮挡时刻	28[2]
99	Bonded Haulage by Air		空监	26[3]
100	Bonded Haulage by Truck		路监	26[3]
101	Branch Offices		代理分公司	26[3]
102	Branches		分公司	26[3]
103	Braunschweig Germany		德国布伦瑞克(地名)	80[4]
104	Butanal		丁醛	171[4]
105	Butane		正丁烷	171[4]
106	Butylphenol		丁基苯酚	173[4]
107	By First Carrier		第一承运人	52[3]
108	Cab Bag		客舱行李重量	91[1]
109	Cabin Crew		乘务员/乘务员组	79[2]

续表

序号	英文	缩写/代码	中文	页码
110	Cairo		开罗	81[4]
111	Calcium resinate		树脂酸钙	81[4]
112	Cancellation of Embargo	FMX	停止受理货物通知的取消电报	247[3]
113	Captains Signature		机长或者接机机长签名	96[4]
114	Captain's Signature		机长签字	187[3]
115	Carbon Dioxide		二氧化碳	171[4]
116	CARGO		货物	117[1]
117	Cargo Account Settlement System	CASS	货运财务结算系统	8[3]
118	Cargo Aircraft Only	CAO	仅限货机	89[4]
119	Cargo Aircraft Only	CAO	仅限货机	66[4]
120	Cargo Aircraft Only	CAO	仅限货机	103[4]
121	Cargo Aircraft Only	CAO	仅限货机	204[3]
122	Cargo Attendant on Cargo Aircraft	CAT	货机押运员	128[1]
123	Cargo in Security Controlled Container		货物在安全检查过的集装箱内	117[1]
124	Caribbean sub-area		加勒比海次区	15[3]
125	Carriers' Special Regulations		承运人特殊规定	19[3]
126	CARTRIDGES		子弹	76[4]
127	CASS—Cargo Accounts Settlement System		货物财务结算系统	90[3]
128	Catering equipment and food supply not used on flight	CSU	非机上所用餐食设备和食品	128[1]
129	CATTLE STALL		牛栏	242[3]
130	CC Charges in Destination Currency		用目的站国家货币表示的付费金额	93[3]
131	Celluloid		赛璐珞	173[4]
132	Certification Statement		原创申明	86[4]
133	CERTIFIED		注册的飞机集装器	82[1]
134	CERTIFIED		注册的飞机集装器	240[3]
135	CERTIFIED AIRCRAFT CONTAINER		注册的飞机集装箱	82[1]
136	CERTIFIED AIRCRAFT CONTAINER		注册的飞机集装箱	243[3]
137	CERTIFIED AIRCRAFT PALLET		注册的飞机集装板	243[3]
138	CERTIFIED AIRCRAFT PALLET		注册的飞机集装板	82[1]
139	CERTIFIED AIRCRAFT PALLET NET		注册的飞机集装板网套	82[1]
140	CERTIFIED AIRCRAFT PALLET NET		注册的飞机集装板网套	243[3]

续表

序号	英文	缩写/代码	中文	页码
141	Changes Correction Acknowledgement	FCA	运费更改电报的答复	247[3]
142	Charges Correction Request	FCC	运费更改电报	247[3]
143	Changes of Embargo	FMC	停止受理货物通知的更改电报	247[3]
144	Chargeable Weight		计费重量	52[3]
145	Charges Collect Fee	CC	运费到付手续费	151[3]
146	Charges at Destination		目的地费用	93[3]
147	Charges for Shipment of Dangerous Goods		危险品处理费	152[3]
148	Check Days off Rules		检查累加假日规则	105[2]
149	Check Duty Hour Rules		检查累加任务小时规则	105[2]
150	Check ETOPS Rules		检查 ETOPS 执照的有关规定	105[2]
151	Check Flying Hour Rules		检查累加飞行小时规则	105[2]
152	Check Illegal Rules		检查改变控制和航线编辑中的不合法排班	105[2]
153	Check Legality Rules		检查违法的航线配对规则	105[2]
154	Check License Expires		检查执照和体检的有效期	105[2]
155	Check Limbo Rules		检查某一机组人员是否位于预定任务的合适位置	105[2]
156	Check New Hire Rules		检查新雇员的有关规定	105[2]
157	Check Recency Rules		检查包括机场执照和空域执照的培训资格规则	105[2]
158	Check Rest Rules		检查最少休息需求规则	105[2]
159	Check Scheduling Agreements	GRP	检查契约性协议（优化排班条例）	105[2]
160	Check Training Progress		检查机组人员培训的完成情况	105[2]
161	Check Trip Positioning Rules		检查违法的置位规定	105[2]
162	CHECKED		制表人	99[1]
163	Checked By		配载人员签字	96[4]
164	CHGS Code		运费代号	90[3]
165	China Air Transport Association	CATA	中国航空运输协会	10[3]
166	Chlorodifluoromethane		氟利昂 22	171[4]
167	City to City		城市对城市	27[2]
168	Class or Division		类别或项别	187[3]
169	Class or Division(Subsidiary Risk)		危险类别或项别	84[4]
170	Class Rate		等级货物运价	116[3]

续表

序号	英文	缩写/代码	中文	页码
171	CLINICAL SPECIMEN		临床标本	89[4]
172	Coal Gas		煤气	171[4]
173	Cockpit Crews		飞行人员/飞行机组	79[2]
174	Code		代号	187[3]
175	Code		代码	96[4]
176	Collect		到付	52[3]
177	Combination Packaging		组合包装	63[4]
178	Combination Rate		分段相加运价	62[3]
179	Combination Rate or Sector Rate		组合运价或者分段相加运价	145[3]
180	Comm. Item No.		商品代号	52[3]
181	Commodity Classification Rate	CCR	等级货物运价	62[3]
182	COMP		平均高空风(M代表逆风,P代表顺风)	141[2]
183	Company Mail	COM	公司邮件	128[1]
184	Compatibility Group		配装组	187[3]
185	Composite Packaging		复合包装	63[4]
186	Configuration Deviation List	CDL	构形偏差清单	4[2]
187	Connection Network Structure		衔接关系的网络结构	42[2]
188	Consignee		收货人	26[3]
189	Consignee		收货人	88[3]
190	Consignee		收件人	74[4]
191	Consignee		收件人	84[4]
192	Consignee does not respond to arrival notice		收货人对到货物通知无回应	182[3]
193	Consignee is unable to be located at given address		按照货物单地址找不到收货人	182[3]
194	Consignee refuses to pay charges due		收运人拒绝付费	182[3]
195	Consignee refuses to take delivery		收运人拒绝提货	182[3]
196	Consignee's Account Number		收货人账号	80[3]
197	Consignee's address is incomplete		收货人地址不详	182[3]
198	Consignee's Name and Address		收货人的姓名和地址	80[3]
199	Consignee's Name, Address, Postcode & Telephone No.		收货人的名称、地址、邮编、电话号码	52[3]
200	Consignment containing dangerous goods for which a shipper's declaration is not required		含有危险品但不要求托运人申报单的货运单	91[4]

续表

序号	英文	缩写/代码	中文	页码
201	Consignment containing dangerous goods in excepted quantities		含有例外数量危险品的货运单	91[4]
202	Consignment Rating Details		货物运价及细目	91[3]
203	Consignor		发货人	26[3]
204	Consolidator		集中托运人	25[3]
205	Construction Rate		比例运价	62[3]
206	Construction Rate for GCR		普通货物比例运价	145[3]
207	Construction Rate for SCR		指定商品比例运价	145[3]
208	Consultancy		咨询公司	81[4]
209	CONTAINER		集装箱	241[3]
210	CONTAINER IN LEFT HAND POSITION		左手位置集装箱	117[1]
211	CONTAINER IN RIGHT HAND POSITION		右手位置集装箱	117[1]
212	Container/Pallet Distribution Message	CPM	集装设备的装载电报	248[3]
213	Contents		内装物	136[4]
214	Contents & Description		货物品名及种类	187[3]
215	Copies 1, 2 and 3 of this Air Waybill are originals and have the same validity		副本1、副本2和副本3是运单原件,具有相同的有效性	52[3]
216	Copper chlorate		氯酸铜	67[4]
217	Corrosive	RCM	腐蚀生物品	129[1]
218	Corrosive	RCM	腐蚀性物质	201[3]
219	Corrosive liquid		腐蚀性液体	74[4]
220	COST INDEX		成本指数	139[2]
221	Cover Constraints		航班机型覆盖的约束	39[2]
222	Crew		机组人数	91[1]
223	Crew		增减空勤人员重量	91[1]
224	Crew Assignment Problem	CAP	机组排班/机组分配问题	79[2]
225	CREW BAGGAGE		机组行李	117[1]
226	Crew Cost		机组成本	15[2]
227	Crew Day of Operations		机组跟踪系统	106[2]
228	Crew Pairing Problem	CPP	任务串编组问题	91[2]
229	Crew positioning to/from duty not directly in the operation of the flight, who are occupying passenger Mail	DHC	不参与飞行的机组人员占用旅客座位	128[1]

续表

序号	英文	缩写/代码	中文	页码
230	Critical Zone		临界区	185[2]
231	Crude Oil		石油	171[4]
232	Cryogenic Liquid		低温冷却液	79[4]
233	Cryogenic Liquids (refrigerated liquefied gases)	RCL	超低温液体	128[1]
234	Currency		货币	90[3]
235	Currency Conversion Rate		货币兑换比价	93[3]
236	Customs Supervised Warehouses		海关监管仓库	26[3]
237	Damaged Cargo	DMG	货物破损	223[3]
238	Dangerous Goods		危险物品	79[4]
239	Dangerous Goods as per attached Shipper Declaration		危险品见所附的托运人危险品申报单	89[4]
240	Dangerous Goods Cargo Aircraft	CAO	只限货机的危险品	128[1]
241	Dangerous Goods in Excepted Quantities		例外数量危险品	90[4]
242	Dangerous Goods Regulations	DGR	危险品运输条例	200[3]
243	Dangerous when wet	RFW	遇湿自燃物品	129[1]
244	Dangerous when wet	RFW	遇水释放易燃气体的物质	201[3]
245	Date		日期	96[4]
246	Date		制表时间	91[1]
247	Date/time		日期/时间	91[1]
248	DAY/HOUR		日期/小时	142[2]
249	DEAD LOAD		固定负载	47[1]
250	Deadheading		置位	99[2]
251	Declared Value for Carriage		运输声明价值	50[3]
252	Declared Value for Carriage		运输声明价值	52[3]
253	Delivery of Goods		货物发送	26[3]
254	Departure Control System	DCS	计算机离港系统	131[1]
255	Depreciation		折旧成本	15[2]
256	Description of Cargo		货物品名	182[3]
257	Description of Goods (incl. Packaging, Dimensions or Volume)		货物品名(包括包装、尺寸或体积)	52[3]
258	Dest.		到达站	92[1]
259	DIAGNOSTIC SPECIMEN		诊断标本	89[4]
260	Dibutyl ethers		二丁基醚	73[4]

续表

序号	英文	缩写/代码	中文	页码
261	Dichlorodiphenyl trichloroethane		滴滴涕	173[4]
262	Diesel Fuel		柴油	106[4]
263	Diethyl sulphate		硫酸(二)乙酯	69[4]
264	Diplomatic Mail	DIP	外交信袋	128[1]
265	Direct Operating Cost	DOC	航班直接运行成本	15[2]
266	Discrepancy Answer	FDA	差错答复电报	247[3]
267	Disruption		大面积航班不正常	174[2]
268	Distribution Weight		各个舱单装载分布/各个舱单装载重量小计	91[1]
269	Diversion		空中改航	129[2]
270	DO NOT DROP, HANDLE WITH CARE		切勿扔摔、小心轻放	75[4]
271	Documentation Charges		货运单费	150[3]
272	Documents to Accompany Air Waybill		所附文件	80[3]
273	Domestic Rates		国内运价	145[3]
274	Dry Ice	ICE	干冰	128[1]
275	DRY OPERATING WEIGHT	DOW	修正后的基本重量	43[1]
276	DRY OPERATING WEIGHT		修正后的基本重量	91[1]
277	Duty		任务	91[2]
278	Duty		任务	185[2]
279	Early Start/Late Finish Rules		检查早晚班的搭配规则	105[2]
280	Emergency AD	EAD	紧急适航指令	4[2]
281	Emergency Response Guidance for Aircraft Incidents Involving Dangerous Goods		航空器危险品事故应急处理指南	161[4]
282	empty		空的	55[4]
283	EMPTY CONTAINER OR EMPTY PALLET		空集装箱或集装板	117[1]
284	empty packaging		空包装	140[4]
285	empty uncleaned		空的;未清洗	85[4]
286	England		英格兰	76[4]
287	England		英格兰;英国	80[4]
288	EQUIPMENT		器材设备	117[1]
289	Equipment in Compartment	EIC	货舱设备	128[1]
290	ERIKSSON		埃里克松(人名)	62[4]

续表

序号	英文	缩写/代码	中文	页码
291	Ether		乙醚	171[4]
292	Ethyl Alcohol		乙二醇	171[4]
293	Ethyl chloroacetate		氯乙酸乙酯	56[4]
294	Ethylene Diamine Tetraacetic Acid	EDTA	乙二胺四乙酸	34[4]
295	Ethylene Glycol		乙醇	171[4]
296	ETOPS ALTERNATES		增程飞行航路备降机场	139[2]
297	Europe sub-area		欧洲次区	15[3]
298	excepted package		例外包装件	140[4]
299	Exclusive Use Shipment		专载运输货物	138[4]
300	Executed on (Date)		填开日期	52[3]
301	Explosive 1.3k	RGX	1.3k 易爆物品	128[1]
302	Explosive 1.3c	RCX	1.3c 易爆物品	128[1]
303	Explosives		爆炸品	200[3]
304	Extra Load Devices	ELD	额外装载设备	128[1]
305	Fibreboard Box		纤维硬纸匣	106[4]
306	FIRST CLASS BAGGAGE		头等舱行李	117[1]
307	Fissile Excepted		例外的裂变物质	138[4]
308	Fissile material package design approval certificate		裂变物质包装件设计批准证书	138[4]
309	Fissile material package shipment approval certificate		裂变物质包装件装运批准证书	138[4]
310	Flammable	RFG	易燃气体	128[1]
311	flammable		易燃	65[4]
312	Flammable Gas	RFG	易燃性气体	200[3]
313	Flammable Liquid	RFL	易燃液体	200[3]
314	Flammable Liquid	RFL	易燃液体	129[1]
315	Flammable Solid	RFS	易燃固体	201[3]
316	Fleet Assignment		机型分配计划	2[2]
317	Fleet Assignment Model	FAM	机型分配的统一航班计划模型	49[2]
318	Fleet Assignment Planning	FAP	机型分配计划	39[2]
319	Fleet Assignment System		航班机型分配系统	40[2]
320	Fleet Family		同一机型系列	181[2]
321	Fleet Type		机型	181[2]

续表

序号	英文	缩写/代码	中文	页码
322	Flight		航班	91[2]
323	Flight		航班号	91[1]
324	Flight Arcs		航班弧	44[2]
325	Flight Connection Arcs		航班衔接弧	42[2]
326	Flight Kit	FKT	飞行备件箱	128[1]
327	Flight Number		航班号	185[3]
328	Flight Number		航班号	96[4]
329	Flight/Date		航班/日期	52[3]
330	Flow Balance Constraints		"飞机流均衡"约束	40[2]
331	Flowers	PEF	鲜花	129[1]
332	FLUOROANILINE		氟苯胺	107[4]
333	Follicle-Stimulating Hormone	FSH	卵泡刺激素	119[4]
334	Foodstuffs for human consumption other than meat and fish/seafood as specific handing codes are designated for such codes	EAT	食品,除去有商品代号的肉类和鱼类/海产品	128[1]
335	For a cargo aircraft only shipment		仅限货机运输的危险品货运单	91[4]
336	For a passenger aircraft shipment		客机与货机均可运输的危险品货运单	90[4]
337	For a shipment containing dangerous goods and non-dangerous goods		客机上载运的含有危险品和非危险品的货运单	90[4]
338	For Carriage		供运输用	80[3]
339	For Customs		供海关用	80[3]
340	forbidden		被禁止的	49[4]
341	Form of Payment		付款方式	52[3]
342	Formaldehyde Solution		甲醛溶液	172[4]
343	Found AWB	FDAW	有单无货	222[3]
344	Found Cargo	FDCA	货物多收	220[3]
345	Freight Booked List	FBL	备载通知电报	247[3]
346	Freight charges		货物运费	182[3]
347	Fruits and Vegetables	PEP	水果和蔬菜	129[1]
348	Fuel and Oil Cost		燃油/滑油成本	15[2]

续表

序号	英文	缩写/代码	中文	页码
349	FULLY LOADED		满载	117[1]
350	Gasoil		轻油;汽油	81[4]
351	Gateway		代理口岸公司	26[3]
352	General		总则	18[3]
353	General Cargo Rate	GCR	普通货物运价	62[3]
354	General Information		一般信息	18[3]
355	Generation Probability		产生概率	68[2]
356	Civil Aviation Warehouses		航空仓库	26[3]
357	Glass bottles		玻璃瓶	67[4]
358	Gross Weight		毛重	52[3]
359	Ground Arcs		地面弧	44[2]
360	Handling Information		处理情况	81[3]
361	Handling Information		处理事项	89[4]
362	Handling Information		运输处理注意事项	91[3]
363	Handling Information and Others		储运注意事项及其他	52[3]
364	Hatching Eggs	HEG	种蛋	128[1]
365	Hazard and Handling Labels		危害和处理标签	78[4]
366	Heavy Cargo above 150 kg per piece	HEA	单件超过150 kg的重货	128[1]
367	Heliopolis		黑里欧波里斯	81[4]
368	HORSE STALL		马厩	242[3]
369	House Air Way Bill	HAWB	空运分提单	25[3]
370	Hub Spoke System	HSS	中枢轮辐式结构	27[2]
371	Human Remains		尸体骨灰运价	130[3]
372	Human Remains in Coffins	HUM	尸体	128[1]
373	Hunting trophies skin hide and all articles made from or containing parts of species listed in the cites	PEA	毛皮制品	128[1]
374	IATA Clearing House		国际航空运输协会清算所	8[3]
375	IGLOO		集装箱	117[1]
376	Import Customs Clearance		进口清关	26[3]
377	Import Customs Transfer		进口转关	26[3]
378	Independent Delay		独立延误	175[2]

续表

序号	英文	缩写/代码	中文	页码
379	Individual Members		个体会员	10[3]
380	Infections substance	RIS	传染性物质	129[1]
381	Infectious Substance	RIS	传染性物质	201[3]
382	Information by Countries		各国规定	19[3]
383	Initials		发电人代号	91[1]
384	instruments		仪器	140[4]
385	Insurance		保险成本	15[2]
386	Integrated Schedule Design	ISD	航班时刻表设计	47[2]
387	INTERMODAL CONTAINERS		空陆联运集装箱或内结构集装箱	241[3]
388	INTERMODAL CONTAINERS		内结构集装箱	81[1]
389	International Air Transport Association	IATA	国际航空运输协会	8[3]
390	International Air Transport Association	IATA	国际航空运输协会	1[4]
391	International Civil Aviation Organization	ICAO	国际民航组织	1[4]
392	International Civil Aviation Organization	ICAO	国际民用航空组织	7[3]
393	International Class Rates		国际等级运价	145[3]
394	International Federation of Freight Forwarders Association	FIATA	国际货运代理协会联合会	9[3]
395	International GCR		国际普通货物运价	145[3]
396	International Organization for Standardization	ISO	国际标准化组织	97[3]
397	International SCR		国际指定商品运价	145[3]
398	INTERNET		因特网	10[3]
399	INTRANET		公司内部网络	10[3]
400	Irregularity Report	FRP	不正常运输电报	247[3]
401	Irregularity Report-IRP		不规则 Report-IRP	121[4]
402	Isobutyl isobutyrate		异丁酸异丁酯	56[4]
403	Issued Date		填开时间	182[3]
404	Issuing Carrier		出票承运人	48[3]
405	Issuing Carrier's Agent Name		发行承运人的代理名称	52[3]
406	Issuing Carrier's Agent Name and City		出票航空公司货运代理人名称和城市	90[3]
407	Issuing Carrier's Name and Address		货运单所属航空公司名称及总部所在地址	88[3]

续表

序号	英文	缩写/代码	中文	页码
408	Itinerary		旅行路线	174[2]
409	Itinerary-based Fleet Assignment Model	IFAM	航线的机型分配模型	49[2]
410	Japan/Korea sub-area		日韩次区	16[3]
411	Keep Away From Heat		勿靠近热源	79[4]
412	KEEP UPRIGHT		保持直立	75[4]
413	Kerosene		煤油	172[4]
414	LANDING WEIGHT		实际落地重量	93[1]
415	LAST MINUTE CHANGES		最后一分钟修正	99[1]
416	LDG FUEL		着陆剩余油量	141[2]
417	lead dimethyl dithiocarbamate	LMD	二甲基二硫代氨基甲酸铅	119[4]
418	LIMITED QUANTITY	LTD. QTY	限量	75[4]
419	limited quantity of material		限量物质	140[4]
420	Line of Flights		航班路径集合	51[2]
421	List of Dangerous Goods		危险品品名表	56[4]
422	Live Animals	AVI	活体动物	128[1]
423	Live Animals		活体动物运价	116[3]
424	Live Human Organs/Blood	LHO	活器官/血浆	128[1]
425	LMC total weight		最后修正总计	94[1]
426	LMC total + / −		最后修正(增或减)	94[1]
427	LOAD PLANNING	LDP	离港系统中值应用模块	132[1]
428	Load Planning and Weight Balance	LDP	计算机配载与重量平衡	133[1]
429	Loaded By		加载	96[4]
430	Loaded Position		装机位置	187[3]
431	Loaded ULD ID		集装器编号	187[3]
432	LOADING INSTRUCTION		装机单	118[1]
433	LOADING SUPERVISOR OR PERSON RESPONSIBLE FOR LOADING		装载主管或负责人	117[1]
434	Loading Supervisor's Signature		监装员签字	187[3]
435	LOADSHEET		舱单	99[1]
436	LOADSHEET		标准格式的装载表	133[1]
437	LOADSHEET/LOADMESSAGE		载重表	118[1]

续表

序号	英文	缩写/代码	中文	页码
438	London		伦敦	76[4]
439	Loose Sector		零散航班	102[2]
440	Low Density Cargo		低密度的货物	60[3]
441	Low Dispersible Material Certificate		低度弥散物质证书	138[4]
442	Lower deck		下舱	16[3]
443	LOWER DECK CARGO CONTAINER		下货舱集装箱	80[1]
444	LOWER DECK CONTAINER		下舱集装箱	81[1]
445	LOWER DECK CONTAINER		下货舱集装箱	242[3]
446	Maciean Chemicals PLC		Maciean 化学品公司	76[4]
447	Magnetized Material		磁性物质标签	78[4]
448	Magnetized Materials	MAG	磁性物质	128[1]
449	MAIL		邮件	117[1]
450	MAIN DECK CARGO CONTAINER		主货舱集装箱	80[1]
451	MAIN DECK CONTAINER		主货舱集装箱	241[3]
452	MAIN DECK CONTAINERS		主舱集装箱	81[1]
453	Maintenance Cost		维修成本	15[2]
454	Mandatory Itinerary		必须保留的航班	50[2]
455	Master Air Waybill	MAWB	航空主运单	25[3]
456	MAXIMUM LANDING WEIGHT	MLW	飞机的最大落地重量	42[1]
457	MAXIMUM TAKE-OFF WEIGHT	MTOW	飞机的最大起飞重量	39[1]
458	MAXIMUM TAXI WEIGHT	MTW	飞机最大滑行重量	41[1]
459	MAXIMUM WEIGHT FOR LANDING		最大落地重量	91[1]
460	MAXIMUM WEIGHT FOR TAKE-OFF		最大起飞重量	91[1]
461	MAXIMUM WEIGHT FOR ZERO FUEL		最大无油重量	91[1]
462	MAXIMUM ZERO FUEL WEIGHT	MZFW	飞机最大无油重量	42[1]
463	Meat	PEM	肉类	128[1]
464	Mercury iodide solution		碘化汞溶液	73[4]
465	Methane		甲烷	171[4]
466	Mexico sub-area		墨西哥次区	15[3]
467	Main Deck		主舱	16[3]
468	Middle East Sub-area		中东次区	15[3]
469	Minimum Charges		货物的最低运费	62[3]

续表

序号	英文	缩写/代码	中文	页码
470	Minimum Connecting Time		最小机组过站时间	185[2]
471	Minimum Equipment List	MEL	最低旅行设备清单	4[2]
472	Minimun Turn-around Time		最小过站时间	175[2]
473	Miscellaneous		混杂的	78[4]
474	Miscellaneous Dangerous Goods	RMD	杂项危险品	128[1]
475	Miscellaneous Dangerous Goods	RMD	杂项危险品	201[3]
476	Miscellaneous Operational Staff: other crew, who perform functions relating to the flight and occupy passenger seats	MOS	占用旅客座位与该航班有关的民航内部员工	128[1]
477	Mislabeled Cargo	MSCA	错贴(挂)货物标签	221[3]
478	Missing AWB	MSAW	有货无单	221[3]
479	Missing Cargo/Mailbag	MSCA/MSMB	丢失货物/邮箱	222[3]
480	Missing Manifest	MSMFST	丢失货邮舱单	222[3]
481	Mixed configuration		组合混合	22[3]
482	Mixed Consignments		混运货物运价	133[3]
483	MIXED DESTINATION LOAD		混装	117[1]
484	Mixed/Combination		客货两用机	18[3]
485	Molinate		禾大壮	173[4]
486	Monthly Schedule		每月机组任务分配表	91[2]
487	Name and Address of Consignee		收货人名称、地址	182[3]
488	Name and Address of Shipper		托运人名称、地址	182[3]
489	Naphthalene		萘	172[4]
490	Narrow-body Aircraft		窄体飞机	17[3]
491	National Airspace System	NAS	国家空域系统	170[2]
492	National Associations		国家级会员	10[3]
493	Nature and Quantity of Goods		货物品名和数量	92[3]
494	Nature and Quantity of Goods (Incl. Dimensions or Volume)		货物品名及数量	80[3]
495	Nature and Quantity of Dangerous Goods		危险货物的性质和数量	84[4]
496	Nature and Quantity of Goods		货物品名和数量	89[4]
497	Net Explosive Quantity		爆炸品净量	85[4]
498	Net Quantity or Transport Index per Package		净重或运输指数	187[3]

续表

序号	英文	缩写/代码	中文	页码
499	Net Quantity Transport Index Per Package		净数量运输指数每包	96[4]
500	Nitrocellulose		硝化棉	173[4]
501	Nitrocellulose solution		硝基的解决方案	65[4]
502	No Commercial Value or No Customs Value	NCV	没有商业价值	80[3]
503	NO CONTAINER OR PALLET IN POSITION		此位置无集装箱或集装板	117[1]
504	No Limit		没有限制	84[4]
505	No Value Declared	NVD	无声明价值	35[3]
506	No. of Packages		件数	80[3]
507	No. of Passengers		本站出发至某站旅客人数	91[1]
508	No. of Passengers		本站始发和过境本站的旅客总人数	91[1]
509	No. of Passengers		过站旅客人数	91[1]
510	No. of Pcs		件数	52[3]
511	No. of Pieces RCP		货物件数/运价组合点	91[3]
512	Node Aggregation		节点合并或节点汇集	46[2]
513	Nodes		节点	44[2]
514	NON-CERTIFIED		非注册的	82[1]
515	NON-CERTIFIED		非注册的	240[3]
516	NON-CERTIFIED AIRCRAFT CONTAINER		非注册的飞机集装箱	82[1]
517	NON-CERTIFIED AIRCRAFT CONTAINER		非注册的飞机集装箱	243[3]
518	NON-CERTIFIED AIRCRAFT PALLET		非注册的飞机集装板	243[3]
519	NON-CERTIFIED AIRCRAFT PALLET NET		非注册的集装板网套	243[3]
520	Non-Flammable Non-Toxic Gas	RNG	非易燃、无毒气体	200[3]
521	Non-Flammable Non-Toxic Gas	RNG	非易燃无毒气体	129[1]
522	Non-propagated Delay		非顺延延误	174[2]
523	NON-STRUCTURAL IGLOO		非结构集装棚	243[3]
524	NON-STRUCTURAL IGLOO		非结构集装棚	82[1]
525	Normal GCR		使用45kg以下的普通货物运价	117[3]
526	Normally Forbidden Explosive	REX	一般禁运物品	129[1]
527	Not Negotiable		不可转让	48[3]

续表

序号	英文	缩写/代码	中文	页码
528	Notes		注意事项	94[1]
529	Notification of Embargo	FMB	停止受理货物通知电报	247[3]
530	NP-hard		强NP	46[2]
531	NUMBER OF PACKAGES		件数	167[3]
532	Number of Packages		件数	96[4]
533	Obnoxious dead load that produces strong offensive odour	OBX	发出强烈异味物品	129[1]
534	Official Airline Guide Cargo	OAG	航空货物运输指南	19[3]
535	Offloading by Error	OFLD	货物错卸	220[3]
536	OPERATING WEIGHT		操作重量	43[1]
537	OPERATING WEIGHT		操作重量	91[1]
538	Operation		操作程序	18[3]
539	Optional Itinerary		可选择的航班	50[2]
540	organic		有机的	74[4]
541	Organic Peroxide	ROP	有机过氧化物	201[3]
542	Organic peroxide	ROP	有机过氧化物	128[1]
543	Originating Arcs		起始弧	42[2]
544	Originator		发电地址	90[1]
545	Other Charge		其他费用	52[3]
546	Other Charges		其他运费	52[3]
547	Other Information		其他需要说明的事项	187[3]
548	Other/Charges		其他费用	92[3]
549	Overcarried Cargo	OVCD	货物漏卸	219[3]
550	Overpack		合成包装件	66[4]
551	Overpack Used		第二层包装使用	85[4]
552	Overseas Branches or Agents		海外分支机构或代理	26[3]
553	Oxidizer	ROX	氧化剂	201[3]
554	Oxidizer and Organic Peroxide		氧化剂和有机过氧化物	201[3]
555	package		包装件	66[4]
556	package orientation		包装件方向	75[4]
557	Packaging authorized by the competent authority of		包装主管机关授权的	85[4]

续表

序号	英文	缩写/代码	中文	页码
558	Packing Group		包装等级	187[3]
559	Packing Group		包装级别	84[4]
560	Packing Instructions		包装要求	85[4]
561	Page…of…Pages		第X页,总Y页	84[4]
562	Paints		油漆类	172[4]
563	Pairing		任务串	56[2]
564	PALLET		集装板	117[1]
565	PALLET and NET		集装板和网套	241[3]
566	Pantry		食品舱单外增减的厨房用品重量	91[1]
567	paraldehyde		三聚乙醛	70[4]
568	Passenger Aircraft		全客机	18[3]
569	Passenger and Cargo Aircraft		客运和货运飞机	84[4]
570	Passengers not entitled to a firm booking who may be off-loaded at a station en rout to their ticketed destination in order to accommodate joining passengers who have higher priority	PAD	有可能被拉下的旅客	129[1]
571	PAYLOAD OR TRAFFIC LOAD		飞机的实际业载重量	47[1]
572	Payment of Rates and Charges and Currency Conversion		支付的利率和费用和货币转换	19[3]
573	Pentane		戊烷	54[4]
574	perfumery products		香水产品	70[4]
575	Phenylhydrazine		苯肼	54[4]
576	Phosphorus		黄磷	172[4]
577	Pitch		柏油	172[4]
578	Place and Date		地点和日期	86[4]
579	Place and Date		填开地点和日期	182[3]
580	Planned Cost		计划成本	172[2]
581	Planned Offloading	OFLD	中途拉卸	219[3]
582	Planned Turn-around Time		计划过站时间	175[2]
583	Plastic Receptacle with Outer Steel Drum		塑料容器外铁桶	107[4]
584	PLN FUEL AT RECLE PT		在二次放行点计划的剩余油量	140[2]

续表

序号	英文	缩写/代码	中文	页码
585	POINT		航路点	141[2]
586	Prepaid		预付	52[3]
587	Prepared By		编制	96[4]
588	Prepared By		填写人	187[3]
589	Prepared by		制表人签字	94[1]
590	PREPARED BY		填表人员签名	118[1]
591	Printed Matter		报纸、杂志类运价	123[3]
592	Priority		电报等级代号	90[1]
593	Propagated Delay		顺延延误	174[2]
594	Proper Shipping Name		运输专用名称	84[4]
595	Proper Shipping Name		运输专用名称	187[3]
596	Propionaldehyde		丙醛	171[4]
597	Push In Time		推入时刻	28[2]
598	Push Out Time		推出时刻	28[2]
599	Quantity		重量	187[3]
600	Quantity and Type of Packing		数量和包装的类型	84[4]
601	Quarter-C Check		1/4 C 检	4[2]
602	Radioactive		放射性的;有辐射的	84[4]
603	Radioactive Category		放射性的类别	96[4]
604	Radioactive Material		放射性物质	201[3]
605	Radioactive material		放射性物质	140[4]
606	Radioactive Matter Category		放射性物质的包装等级和标签颜色	187[3]
607	Rate Class		运价种类	52[3]
608	Rate/Charge		费率(每公斤运价)	80[3]
609	Rate/kg		费率(每公斤运价)	52[3]
610	Rates-North America		北美运价手册	19[3]
611	Rates-Worldwide		世界运价手册	19[3]
612	Recapture		重新捕获	50[2]
613	Recaptured Revenue		重新捕获的收益	51[2]
614	RECEIVED BY		接收人	167[3]
615	RECEIVING CARRIER		航空公司名称	167[3]

续表

序号	英文	缩写/代码	中文	页码
616	Recharge		电报拍发的委托人	91[1]
617	Refer No		编号	182[3]
618	Reference To Conditions of Contract		契约条件	88[3]
619	Reference To Originals		正本联说明	88[3]
620	Refile		二次放行	129[2]
621	REFILE INFORMATION		二次放行信息	140[2]
622	Regulation		规定	18[3]
623	REMARKS		备注	167[3]
624	REQD FOR RECLEARANCE		二次放行需要的油量	140[2]
625	RESERVE FUEL	RFW	备油	44[1]
626	residue last contained		仍含残留物	85[4]
627	Rostering		花名册制度	95[2]
628	Rounding off unit		货币进位单位	98[3]
629	Routing		航线	52[3]
630	Routing and Destination		路线及到达站	79[3]
631	Royal Aero Club	RAC	英国皇家飞行俱乐部	107[4]
632	SALVAGE		废料	75[4]
633	SALVAGE PACKAGE		废料包装	85[4]
634	Schedule		机组任务分配表	91[2]
635	Schedule Design		航班时刻设计	2[2]
636	Seafood/fish for human consumption	PES	食用海产品和鱼类	129[1]
637	Seating Cond.		占座情况	94[1]
638	See Shipper's Declaration		见托运人申报单	136[4]
639	See Shipper's Declaration for Dangerous Goods		见托运人危险品申报单	136[4]
640	Segregation of Packages		包装件隔离	70[4]
641	Serial Number		检验号码	88[3]
642	SERVICE,SORT ON ARRIVAL		服务,到达后分类	117[1]
643	Services and Related Charges		其他运费	18[3]
644	Set Time Counter	SCO	位置时间计数器	135[4]
645	Shipment Type		快件类型	84[4]
646	Shipper		发货人	84[4]

续表

序号	英文	缩写/代码	中文	页码
647	Shipper		托运人	88[3]
648	Shipper		托运人	74[4]
649	Shipper's Account Number		托运人账号	80[3]
650	SHIPPER'S CERTIFICATION FOR LIVE ANIMALS		托运人的动物证明	80[3]
651	Shipper's Declared Value		托运人声明的价值	80[3]
652	Shipper's Declared Value		托运人声明的价值	80[3]
653	Shipper's Instructions in case of Inability to Deliver Shipment as Consigned		在货物不能交于收货人时,托运人指示的处理方法	81[3]
654	Shipper's Letter of Instruction		托运书	34[3]
655	Shipper's Name and Address		托运人姓名和地址	80[3]
656	Shipper's Name, Address, Postcode & Telephone No.		发货人的名称、地址、邮编、电话号码	52[3]
657	Shortlanded Cargo	STLD	货物少收	220[3]
658	Shortshipped Cargo	SSPD	货物漏装	218[3]
659	Signature		签名	86[4]
660	SIGNATURE		签名	167[3]
661	Signature of Issuing Carrier or Its Agent		填开人或其代理人的签字、盖章	52[3]
662	Signature of Shipper		托运人签字	84[3]
663	Signature of Shipper or His Agent		托运人签字或他的代理人签字、盖章	52[3]
664	Simulated Annealing		模拟退火	67[2]
665	Single Packaging		单一包装	63[4]
666	Slack		过站裕度	175[2]
667	Sodium		钠	172[4]
668	Sodium Hydride		氢氧化钠	172[4]
669	South America sub-area		南美次区	15[3]
670	South Asia Subcontinent sub-area		南亚次大陆次区	16[3]
671	South East Asia sub-area		东南亚次区	16[3]
672	South West Pacific sub-area		西南太平洋次区	16[3]
673	Spare Parts required for Aircraft on ground	AOG	航材	128[1]
674	Special arrangement approval certificate		特殊安排批准证书	138[4]
675	Special Drawing Rights	SDR	特别提款权	13[3]
676	Special Form Approval Certificate		特殊形式放射性物质批准证书	138[4]

续表

序号	英文	缩写/代码	中文	页码
677	SPECIAL LOAD NOTIFICATION TO CAPTAIN		特种货物机长通知单	185[3]
678	Specific Commodity Rate	SCR	指定商品运价	62[3]
679	Specification		发生变更的项目	94[1]
680	Spilling		溢出	50[2]
681	Spilling Cost		溢出成本	39[2]
682	Spoke		轮辐	182[2]
683	Spontaneous Combustion	RSC	自燃物质	201[3]
684	Station		填开地点	182[3]
685	Station of Loading		装货站	96[4]
686	Station of Loading		装机站	185[3]
687	Station of Unloading		卸机站	187[3]
688	Station of Unloading		卸货站	96[4]
689	Status Answer	FSA	状态询问电报	247[3]
690	Status Request	FSR	状态答复电报	247[3]
691	Storage charge per day		每日应收保管费	182[3]
692	Stretch hold loaded	BEH	安装在货舱的担架	128[1]
693	Stretch installed	BED	安装在客舱的担架	128[1]
694	STRUCTURAL and NON-STRUCTURAL IGLOO		结构与非结构集装棚	241[3]
695	STUCTURAL IGLOO ASSEMBLY		有结构拱形集装箱	80[1]
696	Subsidiary Risk		次危险	96[4]
697	Subsidiary Risk		次要危险性	187[3]
698	Supplementary Information		附加说明	187[3]
699	Surface Charge		地面运费	52[3]
700	TACT RATES		运价手册	19[3]
701	TACT RULES		规则手册	18[3]
702	Tail Number Assignment	TNA	飞机排班/飞机的机尾号分配	10[2]
703	TAKEOFF FUEL	TOF	起飞燃油	43[1]
704	Take-off fuel		总加油量减去起飞前要用掉的油量	91[1]
705	TAKE-OFF WEIGHT		实际起飞重量	93[1]
706	Tankering		利用空余吨位带油飞行	129[2]
707	TARGET ARRIVAL FUEL		落地剩余油量	139[2]
708	Tax		税款	93[3]
709	Terminating Arcs		终止弧	42[2]

序号	英文	缩写/代码	中文	页码
710	The Air Cargo Agent		航空货运代理	23[3]
711	The Air Cargo Tariff	TACT	国际航空货物运价手册	18[3]
712	The Air Waybill		货运单	19[3]
713	The Air Waybill Number		货运单号码	88[3]
714	THERMAL CERTIFIED AIRCRAFT CONTAINER		注册的保温箱	82[1]
715	THERMAL NON-CERTIFIED AIRCRAFT CONTAINER		非注册的保温集装箱	82[1]
716	THERMAL NON-STRUCTURAL CONTAINER		非注册的结构保温集装箱	82[1]
717	THERMAL CERTIFIED AIRCRAFT CONTAINER		注册的飞机保温箱	243[3]
718	THERMAL NON-CERTIFIED AIRCRAFT CONTAINER		非注册的飞机保温集装箱	243[3]
719	THERMAL NON-STRUCTURAL CONTAINER		非结构保温集装箱	243[3]
720	THIS END UP		此端向上	75[4]
721	THIS SIDE UP		此端向上,此面向上标签	204[3]
722	THIS SIDE UP		此面向上	75[4]
723	This Way Up		向上	79[4]
724	Through Published Rate		公布直达运价	62[3]
725	TIME		计划飞行时间	141[2]
726	Time Space Network Structure		时间-空间网络模型	44[2]
727	Title of Signatory		标题的签约国	86[4]
728	to order of the shipper		按托运人的指示	80[3]
729	Toluene		甲苯	172[4]
730	Total		总额	52[3]
731	TOTAL B		行李总重量	91[1]
732	TOTAL C		货物总重量	91[1]
733	Total Collect Charges		到付费用总额	93[3]
734	Total Gross Weight		总毛重	134[3]
735	TOTAL M		邮件总重量	91[1]
736	Total Other Charges Due Agent		由代理人收取的其他费用总额	93[3]
737	Total Other Charges Due Carrier		出票航空公司收取的其他费用总额	93[3]
738	Total Passenger Weight		旅客总重量	93[1]
739	Total Passengers		旅客总数	94[1]
740	Total Storage Charges		保管费	182[3]
741	TOTAL T		某到达站货邮行重量小计	92[1]

序号	英文	缩写/代码	中文	页码
742	TOTAL Tr		根据前站 LDM 报或舱单填写过境货邮行等总重	92[1]
743	TOTAL TRAFFIC LOAD		实际业载	93[1]
744	Toxic		有毒的	117[4]
745	Toxic and Infectious Substance		毒性物质和传染性物质	201[3]
746	Toxic Gas	RPG	毒性气体	200[3]
747	Toxic Substance	RPB	毒性物质	201[3]
748	Traffic Conference		航空运输业务区	13[3]
749	Transborder Rates		过境运价	145[3]
750	TRANSFER LOAD		转港装载	117[1]
751	TRANSFERRED BY		交接承运人	167[3]
752	TRANSFERRED TO		接运承运人	167[3]
753	TRANSFERRING CARRIER		转让承运人	167[3]
754	Transit Check		过渡检	4[2]
755	Transition CPP		过渡时期问题	91[2]
756	Transition Probability		转移概率	68[2]
757	Transportation Charges		运费	18[3]
758	trinitrotoluene	TNT	三硝基甲苯;黄色炸药	3[4]
759	TRIP FUEL	TFW	耗油	44[1]
760	Trip fuel		航段耗油量	91[1]
761	TRIP FUEL		耗油	99[1]
762	Type B[M]Package shipment approval certificate		B(M)型包装件装运批准证书	138[4]
763	Type C package design approval and shipment approval certificate		C 型包装件设计批准证书和装运批准证书	138[4]
764	ULD Built-Up By		集装器监装人	187[3]
765	ULD Built-Up By		集装器监装人	96[4]
766	ULD Control Message	UCM	集装设备的进出量电报	248[3]
767	ULD Exchange Control	LUC	集装设备的交接电报	247[3]
768	ULD Space Allocation Answer	FUA	集装箱舱位申请的答复电报	247[3]
769	ULD Space Allocation Request	FUR	集装箱舱位申请电报	247[3]
770	ULD Stock Check Message	SCM	集装设备的存场电报	248[3]
771	UN or ID No		联合国或身份证号码	84[4]
772	UN or ID Number		联合国或身份证号码	96[4]
773	UN or ID Number		危险物品联合国编号或国际航协编号	187[3]
774	UNACCOMANIED BAGGAGE		无人押运行李	208[3]
775	UNDERLOAD		剩余业载	93[1]

续表

序号	英文	缩写/代码	中文	页码
776	Undevelopment Film/Unexposed Film	FIL	未冲洗胶卷	128[1]
777	Unit Load Device Rate	ULD	集装货物运价	62[3]
778	Unit Load Device Rate		集装货物运价	136[3]
779	United Nations	UN	联合国	45[4]
780	Universal Time Coordinated		UTC 时间	17[2]
781	UNSERVICEABLE CONTAINER/PALLET		不能使用的集装箱板	117[1]
782	Upper deck		上舱	16[3]
783	Valuation Charge		声明价值	52[3]
784	Valuation Charges		声明价值附加费	72[3]
785	Varnish		凡立水	171[4]
786	Version		飞机座位布局	91[1]
787	Victoria Regina Imperatrix	VRI	设计国的国际 VRI 代码	133[4]
788	VIP BAGGAGE		要客行李	117[1]
789	Volume Weight		体积重量	59[3]
790	Wandsworth Road London		旺兹沃思路,伦敦	80[4]
791	WAYPOINT SUMMARY		航路点汇总	141[2]
792	Weekly Exceptions		周中例外	91[2]
793	Weight		变更项目重量	94[1]
794	WEIGHT AND BALANCE MANIFEST		平衡图	118[1]
795	WEIGHT AND BALANCE MANIFEST		指数型平衡图	100[1]
796	Weight Charge		航空运费	52[3]
797	WHITE PAGES		白页	19[3]
798	Wide-body Aircraft		宽体飞机	17[3]
799	WIND		高空风	142[2]
800	WIND TEMP SUMMARY		高空风、温度汇总	142[2]
801	wooden box		木箱	67[4]
802	Wrap-Around/Overnight Arcs		循环/过夜弧	44[2]
803	ZERO FUEL WEIGHT		实际无油重量	93[1]
804		% MAC	平均空气动力弦百分比	100[1]
805		. PAD/	可拉下旅客占座情况	93[1]
806		. PAX/	旅客占座情况	93[1]

续表

序号	英文	缩写/代码	中文	页码
807		AA	美国航空公司	24[2]
808		AADT	美国航空公司决策技术公司	14[2]
809		AFR	到当前导航点时的实际剩余油量	141[2]
810		AFT	后/后货舱	130[1]
811		AIP	《航行资料汇编》	16[2]
812		AIP CHINA	《中国航行资料汇编》	16[2]
813		ALTN	目的地机场至主备降机场的油量/时间	139[2]
814		ALYN	二次放行机场至备降机场的油量/时间	139[2]
815		AMR	美国航空公司	14[2]
816		AMU	磁不可靠地区	80[2]
817		AOG	飞机停场急需的零配件	162[3]
818		AOG	紧急航材	256[3]
819		APLD	实际业载	139[2]
820		ATA	实际到达时刻	141[2]
821		ATPL	航线运输驾驶执照	80[2]
822		AVI	活体动物	256[3]
823		AVTAS	平均真空速	141[2]
824		AWY	高空航路名称	141[2]
825		BIG	超大动物	256[3]
826		BLOCK IN	在降落机场轮挡时刻	140[2]
827		BLOCK OUT	在起飞机场撤轮挡时刻	140[2]
828		BOW	基本重量	110[2]
829		BURN	航路耗油	141[2]
830		C.C.	重心	130[1]
831		CAO	仅限货机	187[3]
832		CBA	国际货物订舱单	29[3]
833		CERT	飞机额定数据	156[1]
834		CGO1	货舱分区数据、集装箱箱板数据、货舱区域限制	156[1]
835		CGO2-CGO9 CGO10-CGO13	货舱装货区位数据	156[1]

续表

序号	英文	缩写/代码	中文	页码
836		Cl/Cpt	变更项目的等级/舱位	94[1]
837		CKI	客运值机	133[1]
838		CKI	离港系统中值机功能模块	132[1]
839		COG2-COG3	标准零油重心范围数据	156[1]
840		COG4-COG5	当零油重量达到一定值时的起飞重心范围数据	156[1]
841		COG6-COG7	标准落地重心范围数据	156[1]
842		COG8-COG9	当加油量达到一定值时的起飞重心范围数据	156[1]
843		COGS-COG1	标准起飞重心范围数据	156[1]
844		COLL	到付	91[3]
845		CONF	飞机布局数据,加入的布局数据必须为此飞机所属机队已有的数据	156[1]
846		CPL	商业运输驾驶执照	80[2]
847		CPM	电报识别代码	128[1]
848		CPP	机组任务串问题	186[2]
849		CREW	增减机组人数对飞机操作空重和重心的影响	156[1]
850		CSI	临界安全指数	136[4]
851		CUFT	立方英尺	129[1]
852		CUM	立方米	128[1]
853		DEP ATIS	起飞机场通播	140[2]
854		DESFL	下降耗油	141[2]
855		DEST	至目的地所需油量/时间	139[2]
856		Dest.	到达站	94[1]
857		DH	决断高	114[2]
858		DIST	距离	140[2]
859		DIST	距离	142[2]
860		DIV FUEL	从等时点到备降机场所需油量	140[2]
861		DMG	破损	262[3]
862		DST	至下一导航点的距离	141[2]

续表

序号	英文	缩写/代码	中文	页码
863		DTGO	从当前导航点至目的地机场的距离	141[2]
864		EET	从起飞机场到达等时点的预计飞行时间	140[2]
865		EET	预计飞行时间	140[2]
866		EET	预计进入备降机场运行区域的总飞行时间	140[2]
867		EET	预计离开备降机场运行区域的总飞行时间	140[2]
868		EFR	到当前导航点时的预计剩余油量	141[2]
869		ELDW	预计着陆重量	139[2]
870		EPLD	预计业载	139[2]
871		EQUP	增加设备对飞机操作空重和重心的影响	156[1]
872		ERG	应急训练代码	49[4]
873		ETA	预计到达等时点的时刻	140[2]
874		ETA	预计到达时间	141[2]
875		ETA	预计到达时刻	141[2]
876		ETA	预计最后离开备降机场运行区域的时刻	140[2]
877		ETA	预计最早到达备降机场运行区域的时刻	140[2]
878		ETE	预计飞行时间	140[2]
879		ETOPS	双发飞机单发延程飞行	129[2]
880		ETOPS	双发延伸航程	80[2]
881		ETOW	预计起飞重量	139[2]
882		ETP120D	等时点	140[2]
883		EZFW	预计无油重量	139[2]
884		FUSED	总耗油量	141[2]
885		FAD	差错通知电报	260[3]
886		FDA	差错答复电报	262[3]
887		FDAV	多收邮件路单	262[3]

续表

序号	英文	缩写/代码	中文	页码
888		FDC	航班数据控制	133[1]
889		FDCA	多收货物	261[3]
890		FIRS ID	飞行情报区代码	142[2]
891		FL	飞行高度层	140[2]
892		FL	高度层	141[2]
893		FOC	运行控制中心	35[2]
894		FOD	着陆后剩余油量	141[2]
895		FREQ	频率	142[2]
896		FRP	不正常运输报告电报	263[3]
897		FRZ	冷冻货物	256[3]
898		FSA	情况答复电报	258[3]
899		FSR	情况查询电报	257[3]
900		FT	英尺	128[1]
901		FUEL	预计耗油	140[2]
902		FUEL REQ	从起飞机场到达等时点所需燃油	140[2]
903		FWD	前/前货	130[1]
904		GND	地面距离	141[2]
905		GS	地速	141[2]
906		GS	平均地速	141[2]
907		HCHO	甲醛	40[4]
908		HClO	次氯酸	37[4]
909		HEA	超重货物	256[3]
910		HEG	种蛋	256[3]
911		HOLD	在二次放行机场的等待油量/时间	139[2]
912		HOLD	在目的地机场的等待油量/时间	139[2]
913		HUM	尸体	256[3]
914		IATA	国际航空运输协会	133[1]
915		ICE	干冰	256[3]
916		ID	UN/ID 编号	45[4]
917		IDD	离场延误	175[2]
918		IN	英寸	129[1]
919		IRP	无法交付货物通知单	181[3]
920		JCPM	发送箱板分布电报(国际航班)	157[1]
921		JL	打印旅客名单(国际航班)	157[1]
922		KATCH CYVR	二次放行所需油量/时间	139[2]

续表

序号	英文	缩写/代码	中文	页码
923		KCN	氰化钾	24[4]
924		KG	千克	129[1]
925		kPa	千帕(压力单位)	8[4]
926		LAAR	增加-飞机注册号	156[1]
927		LACD	飞机注册数据显示	156[1]
928		LAD	独立到场延误	175[2]
929		LADD	飞机数据显示	156[1]
930		LADU	飞机数据修改	156[1]
931		LAFD	布局数据显示	156[1]
932		LAFU	布局数据修改	156[1]
933		LAID	航站信息显示	156[1]
934		LAIU	航站信息删除	156[1]
935		LALX	航站信息修改	156[1]
936		LAT	纬度	141[2]
937		LB	磅	128[1]
938		LCAD	拷贝-飞机数据	156[1]
939		LCFD	检查航班	157[1]
940		LCFD	建立航班指令	135[1]
941		LCLD	累计装载显示	156[1]
942		LCLU	累计装载修改	156[1]
943		LCNF	布局显示	156[1]
944		LCWD	食品重量和指数表显示	156[1]
945		LCWU	食品重量和指数表修改	156[1]
946		LDAT	建立日期记录	156[1]
947		LDFD	货舱装载布局显示	156[1]
948		LDFU	货舱装载布局修改	156[1]
949		LDM	LDM 电报报文	100[1]
950		LDM	集装箱板布局报	127[1]
951		LDM	载重电报识别代号	91[1]
952		LDVD	上货舱/下货舱布局位置的显示	156[1]
953		LDVU	上货舱/下货舱布局位置的修改	156[1]
954		LDW	实际落地重量	42[1]

续表

序号	英文	缩写/代码	中文	页码
955		LFFD	油量控制	157[1]
956		LFFD	油量数据显示和修改指令	145[1]
957		LFLD	显示配载有效航班	135[1]
958		LFLX	删除-机队数据	156[1]
959		LFSD	断开数据	157[1]
960		LFSD	航班状态显示指令	147[1]
961		LFSD	检查各项数据是否正确	157[1]
962		LFSD	将FLT改为"C"状态	157[1]
963		LFSD	中间关闭	157[1]
964		LGW	着陆全重	141[2]
965		LILAW	落地重指数	100[1]
966		LITOW	起飞重指数	100[1]
967		LIZFW	无油重指数	100[1]
968		LLAL	航空公司数据显示	156[1]
969		LLAU	航空公司数据修改	156[1]
970		LLBD	侧平衡信息显示	156[1]
971		LLBU	侧平衡信息修改	156[1]
972		LLDM	发送LDM电报	157[1]
973		LLDM/LLPM/LCPM/LUCM	报文发送指令	154[1]
974		LLSP	打印舱单	157[1]
975		LLSP	装载表打印	152[1]
976		LMSD	报文补充信息修改	152[1]
977		LNIU	航行通告信息修改	156[1]
978		LNIX	航行通告信息删除	156[1]
979		LOAD FUEL	总加油量/时间	140[2]
980		LODD	航班操作数据显示和修改指令	137[1]
981		LODD	修正基本重量	157[1]
982		LOID	跑道障碍物显示	156[1]
983		LOIU	跑道障碍物修改	156[1]
984		LON	经度	141[2]
985		LPAD	定位行李	157[1]

续表

序号	英文	缩写/代码	中文	页码
986		LPAD	输入货/邮/行李,有集装设备的飞机输入集装设备号	157[1]
987		LPAD	输入旅客总人数及其分布	157[1]
988		LPAD	业载数据显示和输入指令	140[1]
989		LPDD	检查重心	157[1]
990		LPDD	实际业载分布显示	150[1]
991		LRID	跑道信息显示	156[1]
992		LRIU	跑道信息修改	156[1]
993		LRIX	跑道信息删除	156[1]
994		LRN	北极航线和远程导航	80[2]
995		LSA	低比度放射性	30[4]
996		LSTN	航站码显示	156[1]
997		LWXD	航站天气显示指令	137[1]
998		LXAD	删除-飞机数据	156[1]
999		M	米	129[1]
1000		MAC	平均空气动力弦	61[1]
1001		MACH	空速马赫数	141[2]
1002		MAX	最大	130[1]
1003		MCO	旅费证	85[3]
1004		MDH	最低下降高	114[2]
1005		MED	急救用药品、医疗用品	256[3]
1006		MIN	最小	130[1]
1007		MLDW	最大着陆重量	110[2]
1008		MRP	飞机维护路径安排问题	186[2]
1009		MSA	最低安全高度	141[2]
1010		MSCA	有单无货	261[3]
1011		MTK	磁航向	141[2]
1012		MTOW	最大起飞重量	110[2]
1013		MTOWA	最大允许起飞重量	110[2]
1014		MZFW	最大无燃油重量	110[2]
1015		NPM	纸型	256[3]
1016		OAT	高空温度	141[2]

续表

序号	英文	缩写/代码	中文	页码
1017		OFF	在起飞机场离地时刻	140[2]
1018		OFLD	拉卸	261[3]
1019		ON	在降落机场接地时刻	140[2]
1020		OVCD	漏卸	261[3]
1021		PAD	可拉下旅客(过境、出发)舱位等级	93[1]
1022		PAX	旅客(过境、出发)舱位等级总人数	93[1]
1023		PBE	呼吸保护装置	75[4]
1024		PD	顺延延误	175[2]
1025		PER	鲜活易腐货物	256[3]
1026		POSN	航路点名称	141[2]
1027		PPD	有关费用预付	91[3]
1028		PRM	精密雷达监视	80[2]
1029		PTA	预付票款通知单	85[3]
1030		RAMR	飞机维修路径模型	180[2]
1031		RART	限制运输物品、危险物品	256[3]
1032		RESE/EXTRA	单次放行的额外油量/时间	140[2]
1033		RESE/EXTRA	二次放行的额外油量/时间	140[2]
1034		RNAV	区域导航	80[2]
1035		RRW	一级放射性物质	256[3]
1036		RRY	二、三级放射性物质	256[3]
1037		RSRV	二次放行点至目的地机场航路备份油量/时间	139[2]
1038		RSRV	起飞机场至二次放行点航路备份油量/时间	139[2]
1039		RVSM	缩小垂直间隔运行	80[2]
1040		SCO	表面污染物体	30[4]
1041		SEATING	旅客座位分布	100[1]
1042		Si	补充信息	94[1]
1043		SITA	国际电讯协会	10[3]
1044		SOC	航空公司运行控制中心	179[2]

续表

序号	英文	缩写/代码	中文	页码
1045		SOC	运行控制系统	123[2]
1046		SOIA	偏置仪表进近	80[2]
1047		SPECI	特选报	113[2]
1048		SQFT	平方英尺	129[1]
1049		SQM	平方米	128[1]
1050		SSPD	漏装	261[3]
1051		STLD	短收	261[3]
1052		T/O	起飞时刻	140[2]
1053		T/O FUEL	起飞油量	140[2]
1054		TACT	运价手册	107[4]
1055		TAF	航站天气预报	113[2]
1056		TAS	真空速	141[2]
1057		TAXI OUT	在起飞机场的滑出油量/时间	140[2]
1058		TDD	航班延误	175[2]
1059		TI	运输指数	136[4]
1060		TOC	爬升顶点	120[2]
1061		TOGW	起飞全重	141[2]
1062		TOW	飞机实际起飞重量	41[1]
1063		TRLM	飞机配平度数据,即在一定重量下的水平尾翼值	156[1]
1064		TTME	由起飞机场至当前航路点总飞行时间	141[2]
1065		TYPE	包装件型号	133[4]
1066		UHSS – UHMA	等时点对应的两个航路备降机场	140[2]
1067		URG	紧急货物	256[3]
1068		VAL	贵重物品	256[3]
1069		W/C	平均高空风	140[2]
1070		W/C TO	到备降机场的平均风速	140[2]
1071		WIND	高空风数据	141[2]
1072		WX PROG	气象预报	142[2]
1073		ZFW	实际无油重量	43[1]
1074		ZGGG – KATCH	初始放行所需油量/时间	139[2]
1075		ZTM	航段飞行时间	141[2]

附　录

附录1 常见安全标志

禁止吸烟	禁止带火种	禁止烟火	禁止用水灭火
禁止放易燃物	禁止携带托运易燃易爆物品	禁止靠近	禁止穿化纤服装
禁止开启无线通讯设备	禁止通行	禁止堆放	禁止推动
禁止蹬踏	禁止坐卧	禁止依靠	禁止叉车和厂内机动车通行
禁止抛物	禁止放易燃物	禁止戴手套	禁止入内

禁止跳下　　禁止合闸　　禁止触摸　　禁止井下随意拆卸矿灯

当心爆炸　　注意安全　　当心火灾　　当心中毒

当心电缆　　当心冒顶　　当心塌方　　当心车辆

当心坠落　　当心机械伤人　　当心烫伤　　当心伤手

当心触电
 当心落物
 当心坑洞
 当心障碍物

 当心吊物
 当心落水
 当心高温表面
 当心挤压

 当心滑倒
 当心跌落
 当心碰头
 当心扎脚

 当心腐蚀
 注意高温
 噪声有害
 注意防尘

 必须戴防毒面具
 必须戴防尘口罩
必须穿防护服
 必须戴防护眼镜

枪支	**弹药**	**警械**	**管制刀具**	**放射物品**

易燃易爆	**腐蚀品**	**毒害品**	**氧化剂**	**强磁物品**

附录 2　部分航空公司 LOGO

附录3 国际货物运输流程图

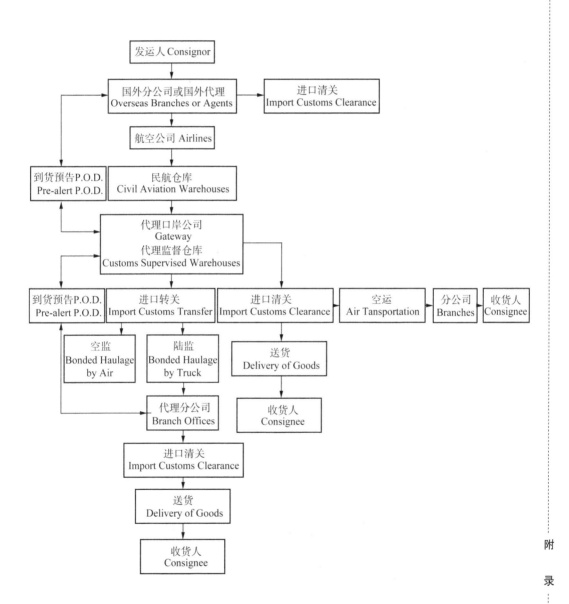

附录4 托运人的责任

Shipper's Responsibilities

A shipper must comply fully with IATA Dangerous Goods Regulations when offering a consignment of dangerous goods to IATA Member and associate Member airlines, and to airlines participating in IATA interline agreements for cargo. In addition, shippers must comply with any applicable regulations set forth by the Sates of origin, transit and destination.

IATA Dangerous Goods Regulations are fully compliant with the ICAO Technical Instructions. A shipper, offering articles or substances in violation of these Regulation, may be in breach of national law and may be subject to legal penalties.

A shipper must provide such information to his employees as will enable them to carry out their responsibilities with regard to the transport of dangerous goods by air.

The shipper must ensure that the articles or substances are not prohibited for transport by air.

The articles or substances must be properly identified, classified, packed, marked, labelled and documented in accordance with these Regulations.

Before a consignment of dangerous goods is offered for air transport, all relevant persons involved in its preparation must have received training to enable them to carry out their responsibilities as detailed in 1.5 of these Regulations. Where a shipper does not have trained staff, "the relevant person" may be interpreted as applying to those employed to act on the shipper's behalf and undertake the shipper's responsibilities in the preparation of the consignment. However, such persons must be trained as required by 1.5 of these Regulations.

托运人的责任

托运人向国际航空运输协会(以下简称IATA)会员或准会员航空公司及参加IATA货物联运协议的航空公司交运危险物品时,必须完全遵守IATA《危险物品规则》(以下简称《危规》)以及始发地、经停地和目的地国家的有关规定。

《危规》完全符合国际民用航空组织(ICAO)的《技术准则》。托运人在交运物品或物质时违反《危规》则可能会违反国家法律并将受到法律制裁。

托运人必须向其雇员提供能够使雇员履行有关航空运输危险物品方面的职责的信息和资料。

托运人必须保证所交运的物品或物质不属于航空禁运的物品或物质。

托运人必须按照《危规》的规定,对其交运的物品或物质准确地加以识别、分类、包装、标记、标签及备好文件。

交运危险物品前,所有在交运准备中涉及的有关人员必须接受过培训,使其能够按照《危规》1.5节中所详述的要求履行其职责。如托运人的雇员没有接受过培训,在交运准备中,"有关人员"可被视为代表托运人行事并履行其职责的受雇人,但该受雇人必须是按《危规》1.5节中的要求接受过培训的人。

附录5 中国航空运输公司代码及代号

运输航空公司名称	企业三字代码	IATA 两字代码及代号	
中国国际航空公司	CCA	CA	999
中国东方航空公司	CES	MU	781
中国南方航空公司	CSN	CZ	784
中国航空货运公司		CK	112
上海航空公司	CSF	FM	774
厦门航空有限公司	CXA	MF	731
四川航空公司	CSC	3U	786
海南航空公司	CHH	HU	880
深圳航空公司	CSJ	ZH	479
山东航空公司	CDG	SC	324
奥凯(Okay Airways)	OKA	BK	866
春秋(Spring Airlines)	CQH	9S	089
鹰联(United Eagle Airlines)	UEA	EU	811
东星航空公司(East Star Airlines)	DXH	8C	883

附录6 电报识别代号

飞行电报识别代码		货运电报识别代号	
RXP	旅客加班申请	FFR	货运吨位申请电报(吨位预定)
RXC	货物加班申请	FFA	货运单吨位答复电报（吨位预定答复报告）
AXP	旅客加班申请的答复,旅客加班		
	旅客加班安排的通知	FUR	集装设备吨位申请电报
AXC	货物加班申请的答复	FUA	集装设备吨位答复电报
	货物加班安排的通知	CPM	集装设备状态电报
RCP	旅客包机申请	UCM	集装设备控制电报
RCC	货物包机申请	SCM	集装设备存场电报
ACP	旅客包机申请的答复	FFC	吨位预定的更改电报
	旅客包机安排的通知	FSR	情况查询电报
ACC	货物包机申请的答复	FSA	情况答复电报
	货物包机安排的通知	FAD	差错通知电报
AMD	加班包机申请或通知的更改、取消	FDA	差错答复电报
AAF	其他可利用飞行的通知	FRP	不正常运输报告电报
SCS	航班变更建议	FCC	费用更改电报
ASC	航班变更通知	FCA	费用更改的证实电报
PFL	航班待运电报	FMB	停止受理货物通知电报
FPF	旅客待运电报	FMC	停止受理货物通知的更改电报
STC	货物待运电报	FMX	停止受理货物通知的取消电报
LDM	飞机载重电报	FFM	货物仓单电报
ALM	航班座位配额电报	FCM	货物报关仓单电报
STA	飞机状况报告	FSH	特种货物预定申请电报
DAT	飞机运营数据通告	FFH	货物不正常运输处理电报
TRAD	查询并答复	CCA	更改付款方式及货运单内容电报
FBL	订妥吨位货物清单		
FSA	特种货物预定答复电报		
FFT	货物不正常运输查询电报		

附录7 常用电报简语

A/C	飞机	B	行李件数
ACFT	飞机	BWT	飞机结构重量
AWB	货运单	CGO	货物
AAR	预先安排	CG,INDEX	重心位置,指数
ABT	大约、大概	CONFIG	布局
ADNO	如不正确请告	C	公务舱人数
	如果同意可不答复	T	货物件数
BEC	因为	CNL	取消
CHG TO	变更项目	RE	关于
CMOD	商品名称	RCVD	收到
CF	立方英尺	RQST	请回答
CNEE	收货人	ROR	请回答
DIMS	体积	RYT	参阅你电
DATE CHG TO	变更班期	RTE CHG TO	变更航线
FRAV	最早航班	RPT	重复
F	头等舱旅客人数	R/T	航线及时刻
H	高	RMK	备注
KG	千克	SSR	请提供特别服务
L	长	SUG	建议
LAW	落地全重	SHPT	一批货物
L	升	SHPR	托运人
LB	磅	SEATS	座位
MC	立方米	TEL	电话
M	邮件件数	PC	件数
MFST	仓单	TIME CHG TO	变更时刻
NET	净重	TOW	起飞全重
NOTE	注释、记录	TY	机型
OSI	其他服务项目	VOL	容积
PKG	包装	W	宽
P	分批货	WET	湿的
PAYLD	业载	WT	重量
POSTPN TO	推迟顺延航班	Y	普通舱旅客人数

附录8 吨位申请两字简语

CC	航班关闭	NN	申请(指定航班)
CR	可申请	OX	取消(如能留妥新申请航班)
FS	自由出售(24小时)	SS	出售,随售随报
HK	已订妥(已订好舱位)	UC	不同意
HN	已申请(已要求)	UN	航班取消(停飞)
KK	同意	US	不符合销售制度
KL	候补改为同意	UU	候补
NA	请留舱位,如不可能可改其他航班	XX	取消

附录9　不正常运输电报短语

ERROR	错	SSPD	漏装
OVCD	漏卸	FDCA	多收
OFLD	拉卸	MISLBL	贴错标签
MSMFST	少收货邮仓单	MSAW	有货无单
MSAV	少收(丢失)邮件路单	FDAW	多收货运单
MSMB	少收(丢失)邮袋	MSCA	有单无货
FDMB	多收邮袋	DFLD	确已装机
FDAV	多收邮件路单	DMG	破损
STLD	短收		

附录10 鲜活易腐品检疫证书

中华人民共和国北京动植物检疫所

编号_____　　动物检疫证（副本）　　　　　　　　年　　月　　日

报检人：_____
品　名：_____　　数　量：_____
产　地：_____　　运往地点：_____
检疫结果：

　　　　　　　　　　未发现检疫对象，准予放行。
　　　本证有效期自 20　年　月　日至20　年　月　日
　　　　　　　　　　　　　　　　　　　　　　　　兽医师

附录11 托运人危险物品申报单

SHIPPER'S DECLARATION FOR DANGEROUS GOODS 托运人危险物品申报单

Shipper 托运人 Tel 电话	Air Waybill No. 航空货运单号码 Page of Pages 第 页,共 页 Shipper's Reference Number(optional) 托运人编号(可选择)
Consignee 收货人 Tel 电话	For optional use For Company logo Name and address
Two completed and signed copies of this Declaration must be handed to the operator 烦将两份填好并签字的申报单交给经营人	WARNING 警告 Failure to comply in all respects with the applicable Dangerous Goods Regulations may be in breach of the applicable law, subject to legal penalties. This Declaration must not, in any circumstances, be completed and/or signed by a consolidator, a forwarder or as IATA cargo agent. 未完全按照适用的《危险物品规则》办理则可能会触犯有关法律,要受到法律制裁,本申报单在任何情况下,都不得由货物的集运人、运输承揽人或国际航协货运代理人填制和/或签署。 (托运人的责任见背面)

TRANSPORT DETAILS 运输说明

This shipment is within the Limitations prescribed for:(delete non-applicable) 此货物仅限于:(不适用的删掉)		Airport of Departure: 始发站机场
PASSENGER AND CARGO AIRCRAFT 客机和货机	CARGO AIRCRAFT ONLY 仅限货机	

Airport of Destination 目的站机场	Shipment type(delete non-applicable)货物种类(不适用的删掉)	
	NON-RADIOACTIVE 非放射性	RADIOACTIVE 放射性

NATURE AND QUANTITY OF DANGEROUS GOODS 危险物品的种类和数量

Dangerous Goods Identification 危险物品的识别					Quantity and Type of Packing 数量及包装类型	Packing Inst. 包装说明	Authorization 批准
Proper Shipping Name 运输专用名称	Class or Division 类或项	UN or ID No. UN 或 ID 编号	Packing Group 包装等级	Subsidiary Risk 次危险性			

Additional Handling Information 附加操作说明	
I hereby declare that the contents of this consignment are fully and accurately described above by the proper shipping name and are classified, packaged, marked and labeled/placarded, and are in all respects in proper condition for transport according to applicable international and national governmental regulations. 我在此申明,上述运输专用名称完整、准确地表达了货物的内装物品并进行了分类、包装、标记、标签/挂签,各方面状态完好适合运输,符合国际及国家的有关规定。	Name/Title of Signatory 签字人姓名/职务 Place and Date 地点和日期 Signature 签字 (see warning above) (见上述警告)

附录12　活体动物国内运输收运检查单

货单号码_____　　始发站_____　　目的站_____

收运	是 无 否	标签和标记	是 无 否
01 是否与有关航空公司及中转站联系,做好相应的安排?	□ □	13 每件容器上是否清楚地标明托运人和收货人的姓名、详细地址和联系电话?	□ □
02 是否已通知收货人在目的站做好接货准备?	□ □	14 每件容器上是否贴有"活体动物"标签并在标签上注明该动物的名称?是否贴有"向上"标签?	□ □
03 是否已订妥全程舱位?	□ □	15 对做实验用的无特定病原体的动物,容器上是否贴有"实验用动物"标签?	□ □ □
04 活体动物的数量是否符合该机型的装载限制?	□ □	16 对能咬或蛰的有毒动物,容器上是否清楚地标出"有毒"字样?	□ □ □
05 是否有动物押运员,押运员是否明确其职责?	□ □ □	17 对于凶猛的、有攻击性的动物,容器上是否清楚地标出"危险动物"字样?	□ □ □
文件		18 如果使用了镇静剂,容器上是否标明详细情况,如:使用镇静剂的时间、种类、剂量和有效时间等?	□ □ □
06 托运人按规定填写完备的活体动物运输托运人证明书一式三份,并由其本人签字。	□ □	**喂食、喂水**	
07 活体动物运输托运人证明书上是否注明特殊的储运注意事项?	□ □	19 如果要求在中途站喂食、喂水,托运人是否用书面形式同有关航空公司做好了安排?	□ □ □
08 货运单上是否注明托运人、收货人的姓名、详细地址和联系电话?	□ □	20 喂食注意事项是否已贴在容器外部的顶面上?	□ □ □
09 该活体动物是否按其实际价值申报并投保?	□ □ □	注:1. 此单一式两份。 2. 对于任何一题的答案为"否"时,即不能接收此货物。 3. 在所有项目未检查完之前,不要拒绝收运。 4. 如果接收此货,将此单正本附在货运单上,并将副本存档。 5. 如果拒收此货物,将此单交主管负责人,并注明托运人或代理人姓名。 6. "是":表示符合活体动物国内航空运输条件。 "否":表示不相符合。 "无":表示本项不适于本批运输的货物。	
10 是否用有效的动物检验证明?	□ □		
11 交运野生动物,是否持有有关部门出具的准运证明?	□ □ □		
包装			
12 该种动物的容器是否符合国际航协现行《活体动物运输规则》的包装规定?	□ □		
容器的大小是否适合于该种动物?	□ □		
容器上是否有足够的、合适的通风孔?	□ □ □		
容器结构是否够坚固?	□ □		
容器是否已安装便于搬运的把手?	□ □ □	处理意见:_____	
容器是否设有防漏溢及防逃逸装置?	□ □	□接受　　□不接受	
容器是否清洁?	□ □	检查人:_____(签字)_____(机场)	
容器内是否有足够的衬垫、吸附材料?	□ □ □	日期:_____　时间:_____	
容器内是否设有合适的喂食、饮水装置?	□ □ □	托运人/代理人:_____(签字)	

附录13　活体动物国际运输收运检查单

LIVE ANIMALS ACCEPTANCE CHECK LIST

Air Waybill No.:_____　　Origin:_____　　Destination:_____

General Acceptance　　　　　　　　　　Yes N/A No

1. Have advance arrangements/bookings been made with all the carriers participating in the carriage of the live animals? □ □
2. When laboratory animals, such as monkeys, which may carry diseases communicable to human are being shipped, has the carrier been advised in order to make the necessary arrangements? □ □ □
3. Have advance arrangements been made at the airport of destination, i.e. for quarantine and delivery? □ □
4. In the event of attendants accompanying the animal(s), have advance arrangements been made with all the carriers concerned? □ □ □
5. Does the shipment comply with current regulations in force at transit stations? □ □
6. Where applicable, have carrier/governmental exceptions been complied with? □ □ □

Air Waybill

7. Are the live animals the only entries on the air waybill? □ □
8. Are all flight numbers for which bookings are held for the entire routing indicated? □ □
9. Is the quantity of animals in the consignment, as well as their common names, which must as for as possible correspond with that listed in the IATA Live Animals Regulations, shown in the "Nature and quantity of goods" box? □ □
10. Are all relevant permits, including CITES where necessary, licences and certificates required for import, securely attached to the air waybill and copies of those required affixed to the container? □ □ □

Shipper's Certificate

11. Is it completed in full and in duplicate? □ □
12. Does the description and quantity of animals agree with the information on the air waybill? □ □
13. Is it signed by the shipper or his authorized agent? □ □
    (Check that this is not an IATA cargo agent, consolidator, forwarder or indirect carrier.)

Container

14. Does it comply with the specific container requirement(s) as detailed in IATA Live Animals Regulations? □ □
    (a) Is the size suitable for the particular type of animal? □ □
    (b) Does it provide for sufficient ventilation? □ □
    (c) Is the construction adequate? □ □
    (d) Does it contain adequate handholds/lifting

General Acceptance　　　　　　　　　　Yes N/A No

devices to facilitate handing and to prevent the handler from coming into close proximity of the animal(s)?
    (e) Is it leak and escape proof? □ □
    (f) Is the container clean? □ □
    (g) Does it contain sufficient absorbent material? (Check that this is not straw, as some countries prohibit the importation of straw.) □ □
    (h) Does the container have suitable feeding/watering facilities? □ □

Labelling and Marking

15. Is the consignee's name, street and city address as per air waybill, and a 24-hour contact phone number shown on each container? □ □
16. Are the correct numbers of "Live Animals" and "This Way Up" labels attached to each container? □ □
17. Has each "Live Animals" label been completed, i.e. reflecting the correct contents? □ □
18. For live animals which can inflict a poisonous bite or sting, is the container marked in bold letters "POISONOUS"? □ □ □
19. For Specific Pathogen Free (SPF) animals for laboratory use, does the container bear "Laboratory Animals" label in addition to the labels? □ □ □
20. When the animal has been tranquilised, have details been affixed to the container, i.e. time given, type of sedation, dosage and estimated duration? □ □ □

Feeding and Watering

21. If it is required that the animal(s) must be fed/watered on route, have arrangements been made by the shipper/carrier with the other carriers/personnel downline? □ □ □
22. Are feeding instructions affixed to the container and are supplies (if required) attached to the outer top side of the container? □ □ □
23. Is food or bedding (if provided) for the animal(s) in accordance with the regulations of the country(ies) of transit or importation? □ □ □

Comments:_____

CHECKED BY:_____
　　　　SIGNATURE　　TIME　　DATE

NAME(BLOCK LETTERS)　　AT(STATION)
SHIPPER/AGENT:

Note 1: Prepare form in duplicate.
Note 2: If goods are rejected, hand the original of this form to the Duty Officer and show the shipper's and agent's name below.
Note 3: Never reject a shipment until all items have been checked.
Note 4: If goods are accepted, attach the original of this form to the air waybill. The duplicate must be placed on the appropriate file.
Note 5: Answer "not applicable" only where an "N/A" box is provided.
Note 6: If any question is answered "No", do not accept the shipment and give the duplicate of this form back to the shipper or agent together with the consignment.

附录 14　押运货物及押运员职责

中国 ABC 航空公司货物国内运输				
		押运货物		
始发站：		→	到达站：	
姓名		日期	年　月　日	电话	
地址					
押运员职责				

☐ 为了保证飞行和货物安全,托运人应派能完成押运任务的人员负责押运。

1. 负责货物在地面停留时的照料和在地面运输中的护送工作。
2. 指导押运货物的装卸工作。
3. 在飞行途中或飞机停站时及时察看和照料货物,并采取防止损坏和避免发生事故的措施。
4. 遇飞行不正常,货物发生损坏或其他事故时,决定货物的处理方法。
5. 在到达站提取货物,并在货单上签收,如货物是押运员在客舱内自己看管,在办理收运手续后,即由押运员在货运单上签收。

押运员签名：

参考答案

自我检测一

一、填空题

1. 公路运输 2.《国际民用航空公约》 3. IATA 4. 国际民用航空组织 5. 狭长地带次区 6. 下舱 7. 全货机 8. M 9. 超限货物 10. 三联正本、六联副本和三联外副本

二、选择题

1. D 2. A 3. D 4. A 5. D 6. A 7. A 8. A 9. D 10. A

三、名词解释

1. 指一地的货物通过航空器运往另一地的运输,这种运输包括市区与机场的地面运输。 2. 指承运人运输每一重量或体积或根据货物的价值应收取的从始发站机场至目的地机场的费率。 3. 指每票货物根据适用的运价和货物的计算重量计算而得,承运人、代理人应收取的运输费用以及与运输有关的其他费用。 4. 将货物的体积按一定的比例折合成的重量。 5. 不论货物的形状是否为规则的长方形或正方形,计算货物体积时,均应以最长、最宽、最高的三边长度计算。

四、简答题

1. 答:(1) 运送速度快;(2) 破损率低,安全性好;(3) 空间跨度大;(4) 可节省生产企业的相关费用;(5) 运价比较高;(6) 载量有限;(7) 易受天气影响。 2. 答:(1) 快件货物运输市场;(2) 常规易腐货物运输市场;(3) 常规货物运输市场。 3. 答:(1) 预审;(2) 整理单据;(3) 过磅和入库;(4) 出港。 4. 答:(1) 重量限制;(2) 机舱地板承受力限制;(3) 体积限制;(4) 价值限制。 5. 答:(1) 基本要求;(2) 对于几种货物的包装规范;(3) 对于几种包装材料的具体要求。

五、论述题

1. 答:国际航空货物单一般由一式十二连组成:三联正本、六联副本和三联外副本。货物单的三联正本背面印有英文的有关运输契约及航空货物运输的许多法律问题,如索赔、保险、改变承运人等。 2. 答:(1) 禁止运输物品是指政府法令禁止运输的物品。 (2) 限制运输的物品是指政府法律规定只有符合限制条件才能运输的物品。

自我检测二

一、填空题

1. 特种运输 2. FIATA 3. 航空运输凭证 4. SDR 5. 中东次区 6. 上舱 7. 一 8. 下舱 9. F 10. 操作程序

二、选择题

1. C 2. D 3. C 4. B 5. A 6. A 7. C 8. C 9. A 10. A

三、名词解释

1. 某两点间货物运输按适合运价乘以计算重量的货物航空运费,不得低于某一限额,此限额为航空货物最低收费标准。 2. 指除了指定商品、等级货物以外的一般货物运价。 3. 使用车辆在机场和市内之间运送货物的费用。 4. 作为目的地或经停站,发给填开货运单的承运人或始发站代理人,通知货物在运输过程中或在交付过程中发生的不正常情况,或修改补充原拍发的不正常报告中的内容。 5. 发给原发差错通知电报的单位,告知处理意见。来电中所用的差错类别代号和航班情况要在回电中列明。

四、简答题

1. 答:(1)普通货物运价;(2)指定商品运价;(3)等级货物运价;(4)分段相加组合运价。 2. 答:(1)"不可倒置"标签;(2)"固定货物"标签;(3)"押运货物"标签;(4)"防止潮湿"标签。 3. 答:(1)公布直达运价;(2)比例运价;(3)分段相加运价。 4. 答:(1)普通货物运价;(2)指定商品运价;(3)等级货物运价;(4)集装货物运价。 5. 答:(1)协议运价;(2)公布直达运价;(3)非公布直达运价。

五、论述题

1. 答:(1)承运人和托运人缔结运输契约的初步证据; (2)承运人收运货物的证明文件;(3)托运人支付运费的凭证; (4)保险证明,如托运人要求承运人代办保险; (5)向海关申报的文件; (6)供承运人发运交付和联运的单证录单 WAYBILL; (7)承运人之间的运费结算凭证; (8)货物储运过程中的操作指引。 2. 答:每票货物的声明价值不得超过 10 万美金。超过该价值,需要填写多份航空货物单。 在使用客货混用机运输时,国际运输每次班机载货总价值不能超过 100 万美元。 货机每次班机载货总价值不能超过 5 000 万美元。

自我检测三

一、填空题

1. 西南太平洋次区 2. 窄体飞机 3. B707、B717、B727、B737、B757 4. 两 5. TACT 6. 航空承运人 7. 代理人 8. 一个目的地 9. 100 厘米×100 厘米×140 厘米 10. 50

二、选择题

1. A 2. D 3. D 4. B 5. B 6. D 7. C 8. A 9. A 10. B

三、名词解释

1. 发给运输货物的承运人,要求告知货物的现时情况。 2. 发给查询单位,答复所查货物最近的转运情况。 3. 由于天气、机械故障、货物积压、禁运和承运人的其他原因而改变已订妥的航班和运输路线。 4. 由于托运人的原因改变运输,称为自愿变更运输。 5. 货物在运输过程中造成破裂、伤损、变形、湿损、毁坏等现象。

四、简答题

1. 答:(1)根据所代理的主体划分;(2)按照代理业务范围划分;(3)从业务性质划分。 2. 答:在航空货物指南中,国际航空货物协会给每个机型规定了相应代码。 3. 答:中国航空运输协会简称 CATA,由国航、东航、南航、海航、上航、中国民航学院、厦航、深航、川航九家单位发起,于 2005 年 9 月 26 日在北京成立。 4. 答:(1)预审;(2)整理单据;(3)过磅和入库;(4)出港。 5. 答:(1)航空货运进口运输代理业务程序;(2)航空公司进港货物的操作程序;

五、论述题

1. 答:(1) 不降停而飞跃其领土的权利; (2) 非商业性降停的权利,即只作技术性降停,如增加燃油、检修飞机等而不上下旅客、货物、邮件的权利; (3) 卸下来自航空器国籍国领土的旅客、货物、邮件的权利; (4) 装载前往航空器国籍国领土的旅客、货物、邮件的权利; (5) 装卸前往或来自任何其他缔约国领土的旅客、货物、邮件的权利。 2. 答:(1) 申请包机; (2) 填写包机申请书;(3) 签订包机合同;(4) 填写托运书和货物单;(5) 办理乘机手续;(6) 现场指导。

自我检测四

一、填空题

1. 运价手册 2. 急缓程序 3. 付款方式 4. 限制条件 5. 40 厘米 × 60 厘米 × 140 厘米 6. 装卸 7. 5% ~ 10% 8. 1 000 9. 50 10. 衬垫材料

二、选择题

1. A 2. A 3. D 4. C 5. A 6. D 7. A 8. B 9. B 10. A

三、名词解释

1. 货物品名不符是指货物的实际名称与运输凭证上填写的货物名称不相符。发现此种情况,要区分其性质,正确处理。 2. 在到达站只收到航空货运单而未收到货物。 3. 按照货邮舱单所列,应运达本站的货物而没有运到。 4. 在到达站只收到货物而未收到航空货物单。 5. 错贴(挂)货物标签是指托运人将货物的标签贴(挂)错,致使货物上的标签与航空货运单或货邮舱单上所列明的内容不同。

四、简答题

1. 答:(1) 航空货物出口运输代理业务程序;(2) 航空公司出港货物的操作程序。 2. 答:(1) 订舱揽货代理;(2) 货物装卸代理;(3) 货物存储代理;(4) 货物转运代理;(5) 货物理货代理;(6) 货物报关代理。 3. 答:(1) 办理集中托运业务;(2) 货物运输全程负责; (3) 将散货拼装成大批量的货物以使用包机或包舱;(4) 将货物装入集装箱,交付航空公司; (5) 对其出口货物办理退关税手续。 4. 答:(1) 进港航班预报;(2) 办理货物海关监管; (3) 分担业务;(4) 核对运单和舱单;(5) 电脑输入;(6) 交接。 5. 答:(1) 承运人公布的运价是始发站机场至目的地机场之间的直达运价;(2) 原则上,运价与运输路线无关,但影响承运人对运输路线的选择;(3) 运价以始发站国家的货币公布;(4) 运价的单位是每千克始发站货币;(5) 运价以货运单填开之日所适用的运价为准。

五、论述题

1. 答:一定数量的单位货物装入集装货物的箱内或载带有网套的板上作为运输单位进行运输。特点是:(1) 减少货物装运时间,提高工作效率; (2) 减少货物周转次数,降低地面等待时间,提高货物完好率; (3) 减少差错事故,提高运输质量; (4) 节省货物的包装材料和费用; (5) 有利于组织联合运输和"门到门"服务。 2. 答:(1) 集装箱按注册与非注册划分; (2) 集装箱按种类划分。

自我检测五

一、填空题

1. 3米或4层 2. 收货人名称 3. 货物流向 4. 代理人贴挂 5. 同一目的地 6. 识别标签 7. 托运人 8. 右下角 9. 承运人 10. 货运单

二、选择题

1. A 2. D 3. C 4. A 5. D 6. B 7. A 8. A 9. C 10. A

三、名词解释

1. 货物漏卸是指按照货邮舱单卸机时应卸下的货物而没有卸下。 2. 由于装卸等原因造成在到达站多收货物。 3. 由于装卸等原因造成在到达站少收货物。 4. 货物错卸是指经停站由于工作疏忽和不慎而将他站的货物卸下。 5. 经停站由于特殊情况需要卸下过境货物,称为中途拉卸。

四、简答题

1. 答:(1)活体动物;(2)尸体,骨灰;(3)外交信袋;(4)作为货物运送的行李;(5)机动车辆。 2. 答:(1)货物出入仓的交接;(2)登记装配;(3)储存;(4)清仓。 3. 答:(1)货物包装、封志是否完好;(2)货物的件数与中转舱单和货物单是否相符;(3)鲜活易腐货物是否出现异常,是否适合继续运送;(4)活体动物的状态是否良好;(5)货物运输路线是否正确;(6)货物单等文件是否齐全;(7)海关、检疫手续是否齐全;(8)货物单"储运注意事项"栏是否有特殊要求,并符合承运人的规定。 4. 答:(1)货运单与货邮舱单相符;(2)货邮舱单与装机单相符;(3)装机单与出仓货物相符。 5. 答:(1)必须确保飞机飞行安全;(2)保证飞机以及设备的良好;(3)保证货物运输的安全性;(4)保证货物装卸准确、迅速;(5)确保装卸作业安全,防止发生工伤事故。

五、论述题

1. 答:(1)发现货物错贴(挂)货物标签的航站应立即电告始发站;(2)如中转站收到始发站的错贴(挂)货物标签电报,则应根据电报进行更正。 2. 答:集装箱的编号由三部分组成:第一部分由三个英文字母组成,第二部分由四位数字组成,第三部分由空运企业二字代号组成。这些代号表示集装箱的类型、尺寸、外形、与飞机的匹配、是否注册等信息。

自我检测六

一、填空题

1. 始发站 2. 各类识别性标签 3. 货物运输合同 4. 无任何承运人标志 5. 托运人和承运人 6. 承运人 7. 托运邮件人 8. 货物单 9. 人民币 10. 元

二、选择题

1. A 2. C 3. D 4. D 5. A 6. A 7. B 8. B 9. A 10. A

三、名词解释

1. 货物始发站在班机起飞后发现货邮舱单上已列的货物未装机,航空货运单已随机带走,称为漏装货物。 2. 航空运输中,可能明显地危害人体健康、安全或对财产造成损害的物品或物质称为危险物品。 3. 用生物、微生物或动物的毒素,人或动物的血液或组织等制成的,作为人、畜预防、治疗及诊断疾病用的制品都叫生物制品。 4. 外交信袋是指各国政府(包括国际组织)与驻外领事馆、政府驻外办事处之间作为货物托运的往来信函。 5. 急件货物运输是指承运人同意托运人的要求,以最早的航班或最短的时限运达目的站,并以最快的速度交付货物。

四、简答题

1. 答:至少分为三联:(1)第一联,始发站联,由始发站留存;(2)第二联,由机组留存;(3)第三联,由到达站货运接受后留存。 2. 答:(1)运输条件;(2)包装的一般要求;(3)运输时限;(4)鲜活易腐物不办理运费到付。 3. 答:(1)有时限要求;(2)国内运输中急件货物的运费按照普通货物基础运价150%计收;(3)急件货物应严格开箱检查或按规定进行安全检查;(4)办理急件货物运输应以直达航班为主,严格控制联程运输。 4. 答:(1)爆炸品;(2)气体;(3)易燃液体;(4)易燃固体;(5)氧化剂和有机过氧化物;(6)毒性物质和传染性物质;(7)放射性物质;(8)腐蚀性物质;(9)杂项危险物品。 5. 答:(1)预先检查原则;(2)请勿倒置原则;(3)轻拿轻放原则;(4)隔离原则;(5)可接近性原则;(6)固定货物,防止滑动的原则。

五、论述题

1. 答:包装、重量、价值,由托运人提供商业发票和货物装箱清单,随附在货运单上,并进行X光机检查、订舱。 2. 答:(1)办理了声明价值并交付了声明价值附加费的货物,在运输过程中发生损失,该声明价值为最高赔偿限额。 (2)未办理声明价值的货物,在运输过程中发生损失,承运人承担的最高赔偿为:对国际运输,根据《统一国际航空运输某些规则的公约》(华沙公约)和《海牙议定书》,托运货物的赔偿责任限额,毛重每千克为17计算单位(SDR特别提款权)。对国内运输,托运货物的赔偿责任限额,毛重每千克为100元人民币。其中,由于承运人的原因导致货物超过约定或规定期限运出,每延误1天的赔偿额不超过该票货物实付运费的5%,但赔偿总额以全部运费为限。 (3)投保航空运输险的货物,在运输过程中发生损失,保险公司按照有关规定赔偿。 (4)影响同一个航空货物单所列其他包件的价值,确定承运人的赔偿责任限额时,此种保件的重量也应考虑在内。

自我检测七

一、填空题

1. 尺寸或体积 2. 地面运输费 3. 货物包装 4. 1千克 5. 一年 6. 半年或半年以下 7. N 8. 厘米和英寸 9. 3 10. 海关人员

二、选择题

1. C 2. D 3. D 4. C 5. B 6. A 7. B 8. A 9. A 10. A

三、名词解释

1. 活体动物是指活的家禽、家畜、鱼介、野生动物(包括鸟类)、试验用动物和昆虫。 2. 中转货物运输是指货物经由两个或两个以上的航班运送才能到达目的站。 3. 货物保管是指对收运、到达的货物进行保存以及管理的工作。 4. 集装货物运价是指用于货物装入集装设备交运而不另加包装的特别运价。 5. 混运货物是指使用同一份货物单运输的货物中,包含不同运价、不同运输条件的货物。

四、简答题

1. 答:(1)用于载运货物的包机飞行的运费;(2)执行包机任务而产生的事前事后调机费;

(3)执行包机任务期间的留机费;(4)货物的声明价值附加费;(5)凡未列明的有关机场税费等。 2.答:(1)固定包舱;(2)无固定包舱。 3.答:(1)第一联为财务联;(2)第二联为结算联;(3)第三联为第一承运人联;(4)第四联为中转联;(5)第五联为第二承运人联;(6)第六联为目的站联;(7)第七联为存根联。 4.答:凡货物在运输过程中发生的漏装、漏卸、中途拉卸、错卸、少收货物、多收货物、错贴货物标签、有货无单、有单无货、丢失货邮舱单、货物下落不明、货物破损等情况,均称为货物不正常运输。 5.答:(1)将拉卸货物的货物单留在拉卸站;(2)在拉卸航班的货邮舱单上,注明相应拉卸情况和拉卸站;(3)立即电告拉卸货物目的站或经停站和装机站,并抄送有关站;(4)应尽快安排将拉卸货物续运至目的站;(5)如果是国际货物,应通知当地海关作相应处理。

五、论述题

1.答:(1)收到漏卸货物的航站应立即电告漏卸站,并应将漏卸货物运至目的地或退回至漏卸站;(2)漏卸站发现货物漏卸应立即向有关站查询,各有关站应及时查找,并复电将查询结果告知漏卸站;(3)如果漏卸的是国际运输货物,应通知当地海关作相应处理。 2.答:(1)航空运输的生物制品,应根据运力情况优先收运及时运输;(2)托运人应该预先订妥航班、航位,并注明最长允许运输期限和有关储运注意事项;(3)用冰箱或冷藏包装的生物制品,两天不能运达目的地的,应通知托运人以考虑其他方式。

自我检测八

一、填空题

1.财务部门 2. X 3. 17 4. 14 5.电报识别代号 6.外部申请和内部申请 7. FFR 8. C 9. S 10. 10万美元

二、选择题

1. B 2. C 3. C 4. C 5. A 6. B 7. B 8. A 9. A 10. A

三、名词解释

1.等级货物运价是指在规定的业务区或业务区之间运输特别指定的等级货物的运价。 2.使用车辆在机场和市区货运处之间运输货物的费用。 3.当货物的始发站至目的站无公布直达运价时,可以选择某个运价相加点按分段相加的方法组成全程最低货物运价。 4.航空货物计费重量是指用以计算货物航空运费的重量。 5.航空货物运输业务流程是为满足消费者的需求而进行的,从托运人发货到收运人收运的整个过程的物流、信息流的实现和控制管理过程。

四、解答题

1.答:(1)发现错贴(挂)货物标签的航站应立即电告始发站;(2)如中转站收到始发站的错贴(挂)货物标签电报,则应根据电报进行更正。 2.答:(1)向始发站和有关航站发电联系,并将货物单妥善保存,等待货物运达;(2)如多收的货物单并非寄给本站的,可根据来电要求将货物单及相关电文复印件寄往或退回有关航站。 3.答:(1)收到查询电报后,应立即认真查找货物,核对运输文件,清点仓库,调查货物是否已装机;(2)做好调查记录,应在24小时内将调查结果电告货物丢失站。 4.答:(1)收到查询电报后,应立即认真查找货物,调查货物是否已错卸;(2)做好调查记录,应在24小时内将调查结果电告货物丢失站。 5.答:

(1) 发运站在始发站退运;(2) 在航班的任一经停站停运;(3) 由目的站退回始发站;(4) 变更收货人;(5) 变更目的地。

五、论述题

1. 答:(1) 鲜活易腐货物应优先发运,尽可能利用直达航班; (2) 收运有关航班的吨位,托运人或承运人直接到机场办理交运或提取手续; (3) 在国际运输中,货物单"货物品名及数量"栏内应注明"PERISHABLE"或"PER"字样; (4) 额外费用均由托运人负担; (5) 在运输过程中提供合适温度和通风条件,以此保证质量; (6) 装机时应将鲜活易腐货物装载于货舱门口。 2. 答:(1) 仓储就是货物收运后或者交付之前将其入库、储存和保管; (2) 运送是货物在发运之前,根据货物自身的性质,按照一定的顺序进行发运; (3) 装卸也是运输业务工作中不可缺少的组成部分,是保证货物安全运输的重要环节。

参考文献

[1] 王春. 民航货物运输[M]. 北京:国防工业出版社,2011
[2] 陈文玲. 民航货物运输[M]. 北京:中国民航出版社,2010
[3] 王今艳,何梅. 民航货物运输[M]. 北京:科学出版社,2013
[4] 孙宏,文军. 航空公司生产组织与计划[M]. 西安:西安交通大学出版社,2008
[5] 马丽珠. 民航危险品货物运输[M]. 北京:中国民航出版社,2008
[6] 万青. 飞机载重平衡[M]. 北京:中国民航出版社,2004